外国教育学术译丛

LE NOUVEL ESPRIT
SCIENTIFIQUE ET LES
SCIENCES DE L'ÉDUCATION

新科学精神与教育科学

关于在自然科学与人文科学之间建立桥梁的尝试

〔法〕加斯东·米亚拉雷 著
王晓辉 译

商务印书馆
The Commercial Press

Le nouvel esprit scientifique et les sciences de l'éducation
Gaston Mialaret
© Presses Universitaires de France

作者简介

加斯东·米亚拉雷（Gaston Mialaret），法国当代著名教育家。

1918年10月10日，米亚拉雷生于法国西南部城市卡奥尔（Cahors），于2016年1月30日逝世，享年97岁。

少年的米亚拉雷就萌发了当教师的愿望，中学之后便选择了他所在城市的师范学校就读。而得益于当时教育机构的调整，他在师范学校毕业时不仅获得了教师资格证书，还具备了进入大学的高中会考文凭，这样便进入了图卢兹大学学习数学，从而奠定了严谨的科学素养和科学精神的基础。

1939年，米亚拉雷真正开始了他的教师生涯，先是担任小学教师，然后在阿尔比（Albi）高中担任数学教师。为了成为师范学校校长，他考取了圣克鲁高等师范学校，跟随名师学习哲学，并获得了索邦大学的心理学硕士学位。1948年，米亚拉雷在圣克鲁高等师范学校获得助教职位，主持法国第一个教育心理学实验室的工作，同时在巴黎心理学院授课。1957年，他同时完成了关于数学教学法和关于数学教师培训的两篇博士论文。

1953年，米亚拉雷受聘于冈城大学，创建了心理学学士课程，后于1956年创建教育心理学实验室。1967年，米亚拉雷与巴黎大学的莫里斯·德贝斯（Maurice Debesse）教授和波尔多大学的让·沙托（Jean Château）教授共同创建了法国教育学学科，并担任教育学教授。

1962—1969年，米亚拉雷接替亨利·瓦隆担任法国新教育协会（GFEN）主席。1987—1988年，担任设在瑞士日内瓦的联合国教科文组织国际教育局主任。

米亚拉雷的学术著作颇丰。在1950—2013年间，他有33部独立著作和6部合作著作出版，发表文章283篇，并参与诸多研究项目和研究报告，其中多部著作被译成多国文字并出版。

主要著作列举如下：

《新教育和现代世界》（1966年）

《世界教育史》（与维亚尔共同主编，四卷本，1981年）

《教育科学导论》（1985年）

《普通教育学》（1991年）

《教育心理学》（2002年）

《教育科学的研究方法》（2004年）

《教育科学：历史侧面、认识论问题》（2006年）

《教育科学》（2011年）

《新科学精神与教育科学》（2011年）

王晓辉

目 录

- 001　第一章　序言：新科学精神与教育科学
- 011　第二章　关于打通人类思想两个阶段界限的讨论
- 015　第三章　"原因"概念的不同含义与"因—果"关系
- 025　第四章　无限小　由确信向可能过渡　"海森堡不确定性"　教育科学与心理学的关系
- 046　第五章　世界的认知与参照系
- 060　第六章　两个基础科学革命（一）
- 083　第七章　两个基础科学革命（二）
- 098　第八章　教育领域中的时间
　　　　　　——关于科学事业的哲学讨论
- 131　第九章　"复杂性"问题源自何处？
- 153　第十章　儿童？哪个儿童？人？哪个人？
　　　　　　心理？与何相关？
- 170　第十一章　对第一章的回应

- 180　参考文献

第一章　序言：新科学精神与教育科学

在这一明显借用我的哲学老师加斯东·巴舍拉（Gaston Bachelard）[1]的选题、同时见证了我对这位现代伟大哲学家的崇敬和这一概念的丰富内涵的第一章，我们将看到它与大学学术研究的新领域即人文科学，特别是教育科学的一致性。在我们的生命过程中，有时我们有着与大师相遇的机缘，他们的出现、他们的教育、他们的个人威望，改变着我们人生的方向，把我们引向另外一种思想，去发现新的无尽的知识空间。回顾我的个人经历，主要是在知识方面，或哲学方面，或心理学方面，或教育学方面，或社会方面，有五个人引导着我的精神和行为，以及思维方式的转变与变革，就像为我指明方向的灯塔。

图卢兹大学微积分计算教授阿道夫·比尔（Adolphe Buhl）[2]，并未要求我们参加数学高级教师的竞考，曾招致一些人激烈的批

---

[1] 加斯东·巴舍拉（Gaston Bachelard，1884年6月27日—1962年10月16日），法国哲学家，其最重要的著作在诗学及科学哲学等领域。（译者注）

[2] 阿道夫·比尔（Adolphe Buhl，1878年6月19日—1949年3月24日），法国数学家与天文学家。（译者注）

评，但他为我们打开了正在变革与发展的数学世界。[1]下面几行文字充分显示出比尔教授为我们讲授的数学是当时最优秀、最具活力的数学。

因此，当我为了参加初等教育督学和师范学校领导竞考而学习哲学时，并未感到不自在，我沉浸在加斯东·巴舍拉的《新科学精神》以及他那时出版的其他著作（见参考文献）中。在我看来，这将使我的数学学习充满光明。我成为巴舍拉在索邦大学的课堂上一个努力学习的学生，贪婪地读着他的全部著作。比尔—巴舍拉双雄成为我的哲学—数学和科学导向的支柱。

在第一次世界大战末期，一个新的大学学科在法国发展起来：建立在科学基础，但不只是哲学基础之上的心理学。这一环境促使我去听课，然后参加亨利·瓦隆（Henri Wallon）[2]和勒内·扎佐（René Zazzo）[3]两个人的工作，是他们为我展示了新的知识领域。第一人

---

[1] 阿道夫·比尔，《新的分析元素》第一卷，第一章："从未有人惊奇地在有关分析的论文集中发现几何学的良好位置。然而，科学的进步显示，物理学的基本公式，乃至几何学的基本公式，都不一定能应用，而只是数学原理的相同形式……如果我的著作不能至少服务于导向路易·布罗格里（译者注：路易·布罗格里［Louis Broglie, 1892年8月15日—1987年3月19日］，法国物理学家，1929年获诺贝尔物理学奖）那么纯粹数学的工作，它就不是完整的著作。"还可以在第三卷读道："理论物理学的最美好的精神在这里与自然的完美融入职业生涯……"以及在第一章读道："人们看到的肯定是由微物理学提出的及其感兴趣的，近些年数学与物理学也感兴趣的关于决定论和随意判断的问题最原始的东西。"（原作注）

[2] 亨利·瓦隆（Henri Wallon，1879年6月15日—1962年12月1日），法国心理学家和精神病学家。（译者注）

[3] 勒内·扎佐（René Zazzo，1910年10月27日—1995年9月20日），法国心理学家。（译者注）

第一章　序言：新科学精神与教育科学

是兼哲学、医学和心理学的文化伟人，学术重点不仅在于心理学现实的复杂性，同时还关注在生物、社会与精神等领域之间的诸多问题。从亨利·瓦隆那里，我重新发现了曾经在物理学—数学领域研究中的现代决定论的人性侧面。而瓦隆的忠实与卓越的弟子勒内·扎佐，通过对研究结果精细的解释，在瓦隆坚实的研究基础上又增加了科学的严谨性。我不能不引用比尔的这样一段论述（第1卷，第8页）：

> 海森堡（Heisenberg）不确定性原理处于另外的层面……从心理学的角度看，此不确定性显得平庸；这不过是看到一组形态的微妙思想，和仅看到一件事物后立即形成一种观点的粗糙思想在那里犹豫不决。值得留心并特别关注的，是在几何学—物理学领域由科学的进步引入的东西，人们相信这一怀疑与犹豫恰好保留在心理学领域。（此文写于1937年）

于是我的关于哲学及数学或心理学的知识与思想方法开始重建。

我关注的还有另一个领域。青年时期，我已经学习了那个时代心理学家的相关知识，如法国的阿尔弗雷德·比奈（Alfred Binet）[1]和瑞士的爱德华·克拉巴莱德（Édouard Claparède）[2]。我曾经被比

---

[1] 阿尔弗雷德·比奈（Alfred Binet，1857年7月8日—1911年10月18日），法国心理学家，智力测验的发明者。（译者注）
[2] 爱德华·克拉巴莱德（Édouard Claparède，1873年3月24日—1940年9月28日），瑞士儿童心理学家。（译者注）

奈的一句话所打动："在教育学里，一切都说过，但什么都未能证实！"对于那个时代的全部思想家，教育活动属于艺术的领域，属于教育者个人素质的领域。科学研究、测量、实验在教育学中没有其位置，教育学不过是一个被规定为需要做和如何做的"标准化"的学科。一方面，由于我受过的数学和科学教育，另一方面也由于我受过的心理学和哲学教育，我投身于比利时研究者奥维德·德可乐利（Ovide Decroly）[1]和雷蒙·比斯（Raymond Buyse）[2]的工作之中。德可乐利博士逝于1931年，我也特别有幸见到比斯教授（鲁汶大学教授），并阅读与研究他的杰出著作——《教育学实验》（*Expérimentation en pédagogie*）。雷蒙·比斯读过克劳德·伯尔纳（Claude Bernard）[3]的著作《实验医学研究导论》（*Introduction à l'étude de la médicine expérimentale*），因此毫不犹豫地在其著作的前言中以此命题：《实验教学研究导论》（*Introduction à l'étude de la didactique expérimentale*），并在导言中引用克劳德·伯尔纳的一段文字，满意地将属于医学的词汇置换成相应的教育学词汇。若干年之后，这些词汇成为"教育科学"的源头。同时，这也从生理学、心理学和教育学的角度敞开了人文科学。

---

[1] 奥维德·德可乐利（Ovide Decroly，1871年7月23日—1932年9月12日），比利时心理学家和教育学家。（译者注）
[2] 雷蒙·比斯（Raymond Buyse，1889—1974年），比利时心理学家。（译者注）
[3] 克劳德·伯尔纳（Claude Bernard，1813年7月12日—1878年2月10日），法国医生和心理学家。（译者注）

第一章　序言：新科学精神与教育科学

* * *

本书的主线

我们处于丹尼尔·帕罗夏（Daniel Parrochia）[1]于1997年所写的展望之中：

> 本世纪的终结将在知识的形式与内容上，以前所未有的科学革命为标志。这些革命将在自然的形象，如同在人的形象上产生影响，打碎曾经由科学与传统哲学描绘的陈旧面貌。爱因斯坦（Einstein）[2]、德布罗意（Louis de Broglie）[3]或薛定谔（Schrödinger）[4]之后，如同海森堡（Heisenberg）[5]、狄拉克（Dirac）[6]、费曼（Feynman）[7]之后，人们所想完全不同于以前所想。同样，

---

[1] 丹尼尔·帕罗夏（Daniel Parrochia，1951年12月9日生），法国哲学家。（译者注）
[2] 阿尔伯特·爱因斯坦（Albert Einstein，1879年3月14日—1955年4月18日），犹太裔理论物理学家。（译者注）
[3] 路易·德布罗意（Louis de Broglie，1892年8月15日—1987年3月19日），法国物理学家。（译者注）
[4] 埃尔温·鲁道夫·尤则夫·亚历山大·薛定谔（Erwin Rudolf Josef Alexander Schrödinger，1887年8月12日—1961年1月4日），奥地利理论物理学家。（译者注）
[5] 维尔纳·海森堡（Werner Heisenberg，1901年12月5日—1976年2月1日），德国物理学家。（译者注）
[6] 保罗·埃德里安·莫里斯·狄拉克（Paul Adrien Maurice Dirac，1902年8月8日—1984年10月20日），英国理论物理学家。（译者注）
[7] 理查德·菲利普斯·费曼（Richard Phillips Feynman，1918年5月11日—1988年2月15日），美国理论物理学家。（译者注）

庞加莱（Poincaré）[1]、阿达马（Hadamard）[2]、柯尔莫哥洛夫（Kolmogorov）[3]之后也是如此。（见帕罗夏著作的封面）

在我们看来，不涉及重述和介绍新的伟大理论，只需在我们的展望之中审视与教育科学相关的两种理论。这里将要提及两种伟大的物理革命——（狭义和广义的）相对论、量子论。在我们看来，这两种理论有助于改变关于对重大形而上学问题，有时甚至是教育问题的解释，并勾勒出新的教育学—哲学景象。[4]但不要忘记科学新领域的产生与发展。教育科学的新领域应当引起我们特别关注，受科学研究结果启发，使我们重新思考教育的某些问题。在这方面，迪尔凯姆[5]已经开辟的道路，使我们看到新科学精神尚未完全占领教育科学领域。对于

1　儒勒·昂利·庞加莱（Jules Henri Poincaré，1854年4月29日—1912年7月17日），法国数学家，理论科学家和科学哲学家。（译者注）

2　雅克·所罗门·阿达马（Jacques Solomon Hadamard，1865年12月8日—1963年10月17日），法国数学家。（译者注）

3　安德雷·尼古拉耶维奇·柯尔莫哥洛夫（Andrey Nikolaevich Kolmogorov，1903年4月25日—1987年10月20日），苏联数学家。（译者注）

4　为了避免一切无用的争论，我们重述迪尔凯姆详尽的展望（当时人们还不讲"教育科学"），他清楚地界定了教育学和科学研究的差异。在著名的《教育与社会学》（Éducation et sociologie）一书中，埃米尔·迪尔凯姆很好地区分了两个领域：科学领域与教育学领域。"在前者，只是单纯地涉及或描述当前或过去的事物，或寻找其原因，或确定其结果。"他继续写道："人们称为教育学的理论，则完全是另一种思辨。实际上，这些理论并无同一目的，也不采用同一方法。其目标并不是描述或解释某一事物的现在或过去，而是确定它应当如何。这些理论并不指向现在，也不是过去，而是着眼于未来。它们不打算忠实地解释特定的现实，而是发布行为的规训。它们不向我们说：这就是存在的，为什么是这样，而是说应当这样做。"（原作注）

5　埃米尔·迪尔凯姆（Émile Durkheim，1858年4月15日—1917年11月15日），法国社会学家、教育学家。（译者注）

第一章　序言：新科学精神与教育科学

我们而言，我们应具有新科学精神，就是每当可能之时，用科学的结果取代舆论观点。

新科学精神与教育科学这两个概念的彼此靠近，可能出现一些危险，正如科学史上为我们提供的若干案例。需要注意避免错误的解释或偏离科学领域。

两个知识领域的靠近，并不包含借鉴新方法或某方面的技术及其他方面的迁移，也没有其他形式的案例。19世纪末的关于心理—物理学的案例可以清楚认识这一主题。认识生命有机论与外部感受刺激的关系，无论如何都有意义，但人类心理学并未去研究感觉机理（例如孔狄亚克［Condillac］[1]、玛丽亚·蒙台梭利［Maria Montessori］[2]）。按照物理实验室模式建造的心理学实验室，不能使研究人员在各种丰富多彩和独创性的条件中研究人类行为[3]。如此认定的心理—物理学，如此发展的心理—物理学只能是当代心理学有限的一部分。

在两个知识领域的靠近之中，还要看到另一危险，即其中一个（通常是最早期的）领域在另一领域存在新的应用的可能性，而忽视由最新知识领域刚刚产生的特殊问题。这便是教育心理学当前的状况。例

---

[1] 埃蒂耶纳·博诺·德·孔狄亚克（Étienne Bonnot de Condillac，1715年9月30日—1780年8月3日），法国哲学家、认知学家。（译者注）

[2] 玛丽亚·泰科拉·阿尔缇米希亚·蒙台梭利（Maria Tecla Artemisia Montessori，1870年8月31日—1952年5月6日），意大利医生和教育家，蒙台梭利教育法的创始人。（译者注）

[3] 当前心理学被定义为"行为科学"。（原作注）

如，重大心理学理论（特别是精神分析理论）已经在教育领域显示出其理论概念。的确，应用于教育的心理学可以发现新的证明场地。但是，这一附着于教育状况的心理学，并未考虑教育状况的特异性、新颖性和特殊性。弗洛伊德（Freud）[1]未能预见视听设备和计算机在教育过程中的大量应用，这的确是教育心理学面临的新问题。对此，应用于教育的心理学的狭窄概念显得陌生。这促使我去进一步定义教育心理学，以便使这一科学学科[2]作为科学研究，从心理学的角度，并在教育状态中（人类关系、教学内容、方法、评估……）的真实领域清晰明了[3]。

对于现存知识领域与正在诞生的领域之间的协调，新知识领域中（理论、方法、研究技术、结果）数据的应用及其融合，我们不能不采取极其谨慎的态度：认真确定新领域的特征及其与已经开辟的领域的关系，其研究目标的特征（实验分析中的独特变量）、性质（以及差异），研究与所采取行动的方法（独特变量），所获得的客观结果的解释方法与技术。所有这些得谨慎执行，现存的所有科学领域所贡献的积极方面都被考虑，这对于我们来说是完全必要的，因为科学不能在相互隔绝的小研究核心中发展。科学是一本大书，所有研究者都有东西写于其中。爱因斯坦说："科学不是，将来也绝不是一本完成

---

  [1] 西格蒙德·弗洛伊德（Sigmund Freud，1856年5月6日—1939年9月23日），奥地利心理学家、精神分析学家，哲学家。（译者注）
  [2] Mialaret (G.), *La Psychologie de l'éducation*, p. 6.（原作注）
  [3] 见另一从某一知识领域向另一领域迁移的案例：Mialaret (G.), Sciences de l'éducation, pp. 25-28.（原作注）

第一章 序言：新科学精神与教育科学

的书。"[1]科学在继续发展，每天在我们眼下发展着，进步着[2]。与某些肤浅者的思想相反，不是所有新理论都自动判定所有之前的理论。大多数情况下，一个新理论包含与融合着过去获得的成果，有时赋予它们新的意义，或显示出它们仅仅是新理论中的特例。相对论和量子论，哪怕不说是革命的，也是科学史上的分水岭。爱因斯坦在这一点上明确地阐明了他的思想：

……新理论的创建不同于拆毁一座谷仓后在原址建造一座摩天大楼，而是类似于攀登一座山峰，达到总是新鲜，总是开阔的境地，并发现在起点与周边诸多地点之间未曾期待的关联。（见前书，第169页）

现代科学使我们发现无限量的小和无限量的大（见下文），科学研究的新目标，与经典物理学并非总是一致的规律（特别是相对论和量子论），研究者的探究面临一个全新的宇宙。新的研究领域规律性地出现，人文科学和（作为人文科学组成部分的）教育科学便是例证。这些领域的研究者有胆识去创建新理论，创建这一新研究领域中关于人类关系独特的、新的分析技术吗？他们不是经常满足于借用或是心理学，或是社会学，或是物理学等学科的方法、理论和成果解释模式

1　Einstein A., Infeld L., *L'évolution des idées en physique*, Paris, France Loisirs, 1983. p.312.（原作注）

2　Parrochia D., *Les Grandes Révolutions scientifiques du XXe siècle*, Paris, PUF, 1997.（原作注）

吗？人们完美地利用当代科学的理论、方法和结果了吗？社会科学对其他知识领域足够开放吗？这便是我们在此工作过程中试图提出的基本问题，但还不能确信能够做出中肯的回答。为了阐述我们的思想，我们情愿这样说：没有在一侧的自然科学和在另一侧的人文科学。科学研究具有不同的研究目标，其方法和分析与解释技术有所不同，并有其特殊性。

我们认同帕罗夏在其书末表达的精神与立场：

> 一种无哲学的科学很有可能导致制造一种"自发的哲学"，如同无源之水那样幼稚与危险。而一种没有思想方法的哲学将成为一纸空文。哲学没有选择：如果它想避免自我封闭在词汇的构建之中，这种构建已无人感兴趣，就是说没有人或几乎是没有人感兴趣。哲学需要学习科学的语言，但当然是为其自身目标服务。

布莱希特（Brecht）[1]的《伽利略传》（*La Vie de Galilée*），意在打通中世纪的思想与文艺复兴的科学思想之间的界限。当前，在我们的思维和行动方式上，我们不是还生活在这类变革之中吗？请众读者去判定。

1　欧根·贝托尔特·弗里德里希·布莱希特（Eugen Berthold Friedrich Brecht，1898年2月10日—1956年8月14日），德国戏剧家、诗人。（译者注）

第二章　关于打通人类思想两个阶段界限的讨论

"科学自伽利略始，便在理论与经验之间建立了连接。"

——爱因斯坦（第 74 页）

这一选自布莱希特的剧本《伽利略传》的场景，极好地展示了坚持亚里士多德的学说与现代新科学之间的对立。我们可以测量自古以来走过的路程，不过需要等待至 19 世纪末才可以说科学精神开始参与科学范式的改变。

伽利略（在望远镜旁）——也许正如殿下所言，我们这些天文学者，一段时间以来，计算遇到了极大的困难。我们运用着极其古老的体系，似乎极好地与哲学吻合，但糟糕的是它与事实完全不符。根据这一古老体系，即托勒密[1]体系，人们认为星辰运动极其复杂。例如

---

[1] 克劳狄乌斯·托勒密（Claude Ptolémée，约 100—170 年），古希腊数学家、天文学家、地理学家、占星家。（译者注）

金星应当运行这种类型的轨道。(他在黑板上画出依据托勒密学说得出的金星外摆线[1])即使我们接受这样难以捉摸的运行轨迹,我们也不能提前计算出这个星座的位置。我们找不到它应处的点。此外,托勒密学说未能解释其他某些星座的移位。这些类型的移位,在我看来,是由我发现的围绕木星的小行星产生的作用。从现在开始观察木星,会使这些先生们高兴吗?

安德烈亚(Andrea,指着望远镜前的一把凳子)——请坐在那里。

哲学家——谢谢,我的孩子。我担心不是所有事情都这样简单。伽利略先生,在向我们解释您那著名的望远镜之前,我们想请您答应参加一场讨论。题目是:这些行星能够存在吗?

数学家——一场原则性的讨论。

伽利略——我想这再简单不过了,只要您看一下望远镜,就什么都明白了。

数学家——当然,当然。您肯定知道,在古人看来,在地球中心之外不可能有任何星辰围绕另一个中心运转,在天空中也没有无支点的星座,是吗?

伽利略——是的。

哲学家——且不说数学家所说的行星存在的可能性值得怀疑(他向数学家致敬),我想以哲学家的身份非常客气地提出一个问题:这

---

[1] 外摆线(épicycloïde),当半径为 b 的"动圆"沿着半径为 a 的"定圆"的外侧无滑动地滚动时,动圆圆周上的一定点 p 所描绘的点的轨迹,就叫作外摆线。(译者注)

第二章　关于打通人类思想两个阶段界限的讨论

些行星有用吗？亚里士多德神的世界[1]。

伽利略——我们能不以日常的语言继续这一话题吗？我的同事，费德佐尼（Federzoni）先生不懂拉丁语。

哲学家——他不懂我们的话重要吗？

伽利略——是的。

哲学家——对不起。我以为他是您的镜片打磨工。

安德烈亚——费德佐尼先生既是磨镜工，也是学者。

哲学家——谢谢，我的孩子。如果费德佐尼先生坚持……

伽利略——我，我坚持。

哲学家——讨论将失去文雅，但我们客随主便。（他背诵）"亚里士多德神明展示的世界图景，有着其和谐神秘的星球和水晶般的天穹，星体环行的路径，太阳轨道的尖角，星座座次的神秘，南半球密集的星系，星球闪烁的建构，是如此美好之物，是如此完美的秩序，我们担心这样的和谐会被搅乱。"

伽利略——殿下难道没有通过望远镜核实这些星球存在是不可能的和无用的愿望吗？

数学家——也许可以这样回答您的问题：您的望远镜，如果显示不能存在的东西，就不是一个值得信赖的望远镜，您相信吗？

伽利略——您这是什么意思？

数学家——如果可以在静止的天空中见到最后的星球，运动中的

---

[1] 此句译自拉丁语：Aristotelis divini uniuersum。（译者注）

星座,伽利略先生,向我们说明使您倾向于接受这一现象的原因,将是再好不过了。

哲学家——原因,伽利略先生,原因呢?

伽利略——原因?那么只看一眼星球,看一下我的记录所表示的这一现象,好吗?尊敬的先生,这样讨论毫无意义。

数学家——如果我确信不会使您更加激动,还可以说,在您的望远镜里和在天空中,完全是两码事。

哲学家——这话可以说得更为客气。

费德佐尼——您想说我们会在镜片上画星星吗?

伽利略——您暗指作弊?

哲学家——在殿下面前,我们敢这样吗?

伽利略被宗教裁判所审判!而他却持有真理!但良种已被植入某些精神之中,它将在以后的世纪中发芽。需要等待爱因斯坦来改变伽利略的科学范式。第二次革命,在四个世纪之后!

第三章 "原因"概念的不同含义与"因—果"关系[1]

比较不是论证。
用更具数学特点的概念表述，
宁肯说是相关性也绝不说是
因果关系。

教师们常常说到原因，但在教育科学中极少（不说从未）看到对"原因"概念和"因—果"关系的认真分析。听到一位教师说："我在上解二次方程的课……因此我的学生应当会解这类方程。"一个幼稚的分析使我们这样思考，对于在教育过程中产生这一疑问的教师：

我上课……等于原因。

因此，我的学生……等于结果。

---

[1] 我们请读者参阅勒古尔特（D. Lecourt）在《科学历史与哲学词典》（*Dictionnaire d'histoire et de philosophie des sciences*）中的精彩条目，第 146—148 页，以便对"原因"概念的变化有一个历史全貌。（原作注）

这必然是不考虑每件事情的复杂性的突兀行为,是把"教师"作为原因与把学生的新的可能性作为结果相提并论。简而言之,可以说教师是个体的人,具有其所有(心理、文化、知识水平、与学生建立联系的可能性等)特性,也是一个根据一种(人们可以观察到并确定特点的)教学方法来传授(人们可以清点的)某些类型知识和学识的人。至于(作为行为结果的)学生,分析更为困难一些:是否仅仅涉及一部分数学知识的获得,以及获得水平如何?涉及新的能力是否有所发展或获得向另一种状态迁移的能力?在何种情况下,这一部分呈现的知识能够展现在数学知识的前景之中?或换成另一种概念?在何种情况下,教师得以发展学生的数学思维?是否将这种思想开放于崭新境界?所有对这些问题的回答有助于更好地确定行为的"结果"。这一简短的分析有些幼稚,但可以看到重新审视这些基本概念的必要性,因为这些概念在历史进程中不总是具有同一意义。不必回溯到亚里士多德的"终极原因""形式原因""物质原因"和"动力原因",我们从标志着中断亚里士多德概念的伽利略出发。他取得的胜利,与开普勒[1]、惠更斯[2]、笛卡尔[3]的工作相一致,犹如从中世纪的蒙昧主义中复兴,都致力于抛弃所有关于"终

---

[1] 约翰内斯·开普勒(Johannes Kepler,1571年12月27日—1630年11月15日),德国天文学家、数学家。(译者注)
[2] 克里斯蒂安·惠更斯(Christiaan Huygens,1629年4月14日—1695年7月8日),荷兰物理学家、天文学家和数学家。(译者注)
[3] 勒内·笛卡尔(René Descartes,1596年3月31日—1650年2月11日),法国哲学家、数学家、物理学家。(译者注)

极原因"的思想。从此，无论哪一种现实的科学知识都将压倒所有依仗因果关系的终极目的的思想。

但这一因果关系将立即缩减为一种机械形式。笛卡尔及其弟子对此有极大的贡献。崇敬伽利略科学成果的法国数学家和哲学家，虽然感觉其哲学略有所短，却实际地去论证，只有能够将整个身体缩减为面孔和动作，把触动我们感知和想象的其他全部质量（硬度、颜色、气味……）果断地抽象，一种物理学便可能得以存在。从此，一个身体运动的原因必须总是与同其运动相联系的另一身体相接触。1644年，哲学原理矫正了以此为基础虚构的一个完整物理学表。由于这一因果关系的机械论概念，基于结果的原因关系图景成为一种明显的东西，如同一种持续几十年的"简单的"思想。[1]

需要等待加斯东·巴舍拉对于这一概念的有力批评[2]。因→果图示（见图1）的简洁性，忽视了现实中的过程：

---

[1] Lecourt D., *Dictionnaire d'histoire et philosophie des sciences*, Paris, PUF, 1999: 146-147.（原作注）

[2] "于是我们问自己，完全基于参照简单思想的笛卡尔认识论，是否足以标志当前的科学思想。我们看到，激发现代科学的综合思想与笛卡尔的著作相比，同时具有另一种完全的深度和另一种完全的自由"（见《科学历史与哲学词典》，第17页）（原作注）

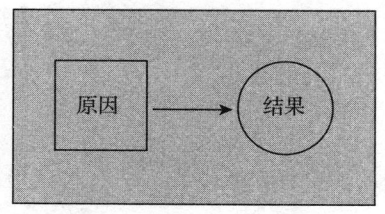

图 1

我们不再回到前面只是简单地将两个概念的复杂性凸显的看法,而是简要回顾这两个概念在教育科学领域的应用中各自可见的差异。

与我们昔日可以想到的不同,全部"因—果"系统并非在真空中运行[1]。环境、背景,有时以及历史,都是研究者应当考虑的因素。我们(如前所述)的教师为不同班级讲授同一课程,不能获得完全一致的效果。"接受者"的状况不会在任何情况下都严格地保持一致。因此在研究的实验措施中,有必要在诸多独立变量中引入新的因素:环境因素。困难随即出现!在物理学或化学方面,人们首先可以粗略地考虑有限数量的变量,但在人文科学中则有所不同[2]。在某些教育情况下,教室的空间因素可以产生重要作用,故应当作为独立的变量加以考虑。

在前面的图示中,原因和结果两者是分别标示的。实际上,这种绝对的独立并不存在。在所有人文科学领域,涉及心理学(瓦隆重申的桑代克[Thorndike][3]效果),社会学、教育科学……引发结果的

1　物体坠落公式($e=½gt^2$)只能在真空中证实,并只能在理想之点操作。(原作注)
2　除非有明确区分的必要,否则"人文科学"的表述包含"教育科学"。(原作注)
3　爱德华·李·桑代克(Edward Lee Thorndike,1874年8月31日—1949年8月9日),美国心理学家。(译者注)

第三章 "原因"概念的不同含义与"因—果"关系

原因并不独立。一些例证可以表明这一结论。长期以来,亨利·瓦隆强调这种相互依赖和儿童环境所发挥的作用:

"没有任何心理反应是独立的,而总是至少在其能力和背景中,在特定状态、环境的外部条件下呈现。"[1]

人们知道,当法国南部的燥风吹来,师生关系会不同于气候宜人的时期。人们还知道,教师的激愤态度反过来会引发学生们的激愤。瓦隆这样得出结论:"将结果与行为区分开来,实际上仅仅是简单的抽象。"[2] 长期以来,物理学家已经以另一种方式提出问题,并想象这种系统如下图所示:

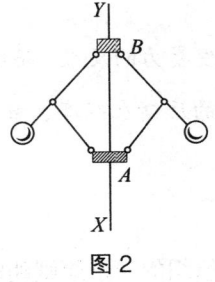

图2

XY 为旋转轴。
B:与两个终端为球体的铰接杆相关联的固定部分。
A:沿 XY 轴上决定旋转速度的活动体。

当 XY 轴(由一个机器以不同速度驱动)自转,两个球体分离。A 在 XY 轴上的位置决定机器运行的速度(原因),引起球体的分离(结

1　Wallon (H.), *L'évolution psychologique de l'enfant*, p. 39.(原作注)
2　参见前书,第53页。(原作注)

果），（A 的移动）改变旋转的速度对结果具有反作用。由此可见，原因与结果密切相关。稍后，当磁场被物理学家掌握，人们看到磁场的所有变化引起电场的出现，而电场的所有变化又产生一个磁场。控制论的循环扣在工业领域有诸多应用。这一控制论的循环扣在人文科学中也有诸多明显的态势。

今天，埃德加·莫兰（Edgar Morin）[1]重提诺伯特·维纳（Norbert Wiener）[2]曾经引入的反馈思想，他"中断了线性的因果关系原则，同时引入了循环扣原则"。他解释说，反馈扣（feed-back）在军事冲突上升到极端状况下，发挥着机械扩大器的作用。

> 主导者的暴力引发暴力的反应，而这一反应带来更大的暴力。这种膨胀式或稳定式的反馈在经济、社会、政治或心理现象中大量发生。[3]

依据埃德加·莫兰，组织的递推原则朝向：

> 反馈原则超越调节的概念，达到自我生产和自我组织等概念。这是一个发生的循环扣，其中产品与结果又是生产者和结果制造

---

[1] 埃德加·莫兰（Edgar Morin，1921年7月8日— ），法国社会学家、哲学家。（译者注）
[2] 诺伯特·维纳（Norbert Wiener，1894年11月26日—1964年3月18日），美国应用数学家。（译者注）
[3] 见参考文献。（原作注）

第三章 "原因"概念的不同含义与"因—果"关系

者本身。于是,个体即是出自时代背景的再生产系统的产品,但只有我们自身成为生产者并与自身结合,这一系统才能得以生产。人类个体在相互活动之中并通过相互活动才产生社会,但社会作为全新的兴起者,生产这些个体的人类,并为他们带来语言和文化。

人们可以轻松地看到这一观点在教育情境中的体现:例如班级中师生之间的攻击性便很好地说明这一动态现象。学生的攻击性(不幸地)回应着教师的攻击性,而教师的攻击性所引发学生的攻击性更强烈。因与果可以循环,不再是线性的。下面引述瓦隆的话,作为心理学的反应,可以清晰地解释这一点:

> 鲍德温(Baldwin)[1]以"循环反应"为名,试图证实这一联结是基本的。没有不能激发使之更为显著的自身运动的感觉(sensation),也没有其结果不能激发使感受(perception)与相应情境之间达到一致的新运动的运动。感受是完全等同于感觉的行为,它基本上是适应。精神生活的全部建构都是通过我们的行为对目标的适应,由不同层次构成,这些目标指引着适应的方向,也是行为的结果作用于行为本身。循环的行为榜样在儿童那里是常态。一个姿态引发的结果每时每刻都会再引发结果的新姿态,

---

[1] 艾尔弗雷德·李·鲍德温(Alfred Lee Baldwin,1914年10月5日—),美国教育心理学家。(译者注)

这些姿态在一系列的系统变化过程中经常会改变。于是，儿童在自身产生或转变的感受的控制下学习运用自己的器官，每个儿童从其周边儿童的差异中更好地认识其感受。他准备发出的声音，其中大量正确的感受与发音中的许多成分是其周边说出的语言现象，这些声音清楚显示出他是如何通过在结果与行为不断的相互联结中，学习在听觉和运动觉之间实现可能的联系。[1]

瓦隆在其情绪理论[2]中，做出了关于控制论循环扣结果的近似解释："于是，与参与者人数增长的情绪暴力及其爆发消除了判断、思考、理性计算的所有可能性。"因此，这里不涉及把固态物理学领域的科学结果带到人文科学领域，也没有其他形式的案例，只是看到两种解释方式十分接近。

对这些状况的更具体分析把我们带到另外一个观点，我们有机会多次碰到这个观点：如果结果改变原因，便可以合乎逻辑地推断出这一系统具有其历史过程；人类情境的所有观察必定标明时间[3]。我们已经强调所有教育情境的独特性[4]，在这里我们从控制论模型那里为这一论断找到了进一步证明。

---

[1] Wallon H., *L'évolution psychologique de l'enfant*, Paris, A. Colin, 1941. p.51.（原作注）
[2] Wallon H., *De l'acte à la pensée*, p. 139.（原作注）
[3] 可见后文叙述——关于空间与时间的思考。（原作注）
[4] Mialaret (G.), *Sciences de l'éducation*, p. 117.（原作注）

第三章 "原因"概念的不同含义与"因—果"关系

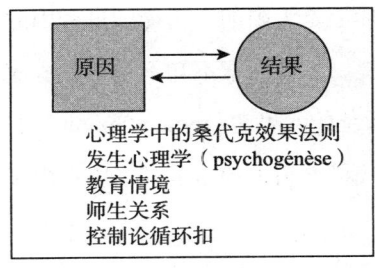

图 3

教育情境研究[1]提供了关于这一过程的诸多实证。重复,作为学习的一个必备条件,会产生有利的效果;但过分的重复则会产生相反的效果,从而使期待的效果降低。恰当的平衡则是在于必要的(整体的或分块的)重复与学生的习得之间。对于学生获得的"结果"的分析,可以在此调节"行为"的重复。

"因—果"关系的另一方面也应当引起关注:原因的强度变化引起不同的结果;纪律对于团组生活必不可少,不论团组情况如何;纪律可保证团组的正常生活及其成员的满意;纪律过于严厉(如太过严苛或吹毛求疵)会引起团组成员的攻击性或胆怯的反应(见下页图4)。这便是确定教育行为特点的棘手问题,而此领域严肃的学术著作极少。让·德雷翁(Jean Drévillon)[2]的论文[3]似乎是一个例外。正如我们已经指出的,可以确定"教育行为"(事实上是教育过程中的原因)的

1　Mialaret (G.), *Sciences de l'éducation*, pp. 67-70.(原作注)

2　让·德雷翁(Jean Drévillon,1927—2016),法国冈城大学教授。(译者注)

3　Drévillon J., *Pratiques éducatives et développement de la pensée opératoire*, Paris, PUF, 1980.(原作注)

独立变量的数量实际上是无限的，选择的过程因此是构建所有实验计划的必不可少的前提。主观因素不知不觉地渗入应当是客观的步骤之中。对于研究组织系统的元思考（métaréflexion）可以确定信心的间距，并使研究者投入现代科学精神的新范式之中：由确信过渡到可能的结果（见下图）。

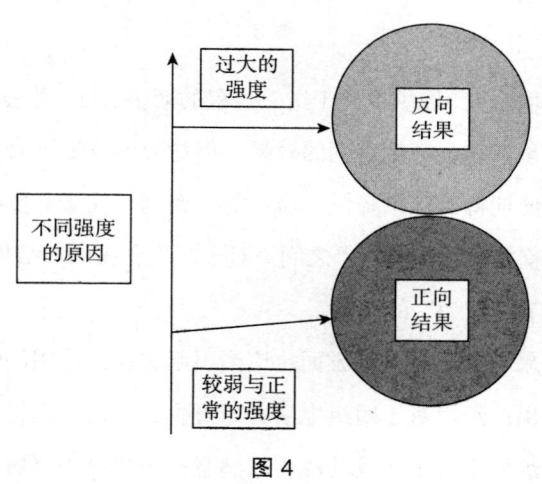

图4

科学思想的变革，特别是技术的进步，可以探究无限小和无限大，"因—果"关系引起的问题不再限于相同概念。笛卡尔时代的确定范式过渡为可能性范式和研究者在所有研究都参与其中的范式，深刻地改变着我们的思维方式和实验方式。在回顾当代科学思想在这些领域的进步之后，我们将有机会再回到这一问题。

第四章　无限小
　　　　由确信向可能过渡
　　　　"海森堡不确定性"
　　　　教育科学与心理学的关系

一、关于"可能"概念的介绍

科学与技术的进步拓宽了"帕斯卡尔[1]的两个无限"的空间：由于宇宙发展理论而朝向最大，由于纳米科学和纳米技术而朝向最小。如果说在思想上难以呈现一"光年[2]"为何，同样也难以呈现无限小[3]。

1　布莱兹·帕斯卡尔（Blaise Pascal，1623年6月19日—1662年8月19日），法国神学家、哲学家、数学家、物理学家。（译者注）

2　需要指出，1光年相当于94610亿千米！太阳距离地球8分20秒光年（因时间不同而有所差异）。

帕斯卡尔具有天才的直观感觉，正如其如下所言：

"所有可见世界不过是广泛自然界中极其细微的一条线。这是一个无限的球体，其中心存在于各处，其边界也存在于各处。在无限之中，何谓一个人？但当他在他所认识的最精细的事物中寻找，向他呈现另一个生命体时同样令他惊奇。我在他的身体中不可能再小的部分中为他呈现一条蛆虫，就是想让他看到其中有一道新沟。我不仅为他描绘可见的世界，而且还要想象这一原子缩影中大自然的无限，从中窥见宇宙的无限，每个天体都有其苍穹、星辰、大地……"（原作注）

3　1纳米（nanomètre）等于十亿分之一米，即10^{-9}米。（原作注）

而正是无限小将为我们展示固态物理学所忽略的方面。为了说明与简化我们的步骤,我们采用支持我们推理的简单例证。

这是一个可以推动大量无限小粒子的设备,使这些粒子遵循人们所称的"狗踪曲线[1]"。当每个粒子达到 O 点(在这里四条切线相交,数学上的速度为零),那么前进路径为何呢?有四种可能性:OA 路径向上,OA 路径向下,OB 路径向上,OB 路径向下(见下图):

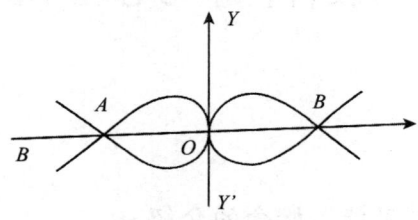

图 1　狗踪曲线

有四种可能的路径达到 O 点,四条切线相交。

我们不知道一颗粒子的行为,却可以观察到粒子(当作用于发送的几千颗粒子时)在各个曲线段上被按照 25%、25%、25%、25% 分配。这使我们思考决定论的新概念。实际上,对于相同原因(在前例中粒子的发送),总是有四种可能不同的结果,故"原因→结果"的唯一性原则出现了问题。相反,关于可能的结果的可能性认识成为基

---

[1] 狗踪曲线(Courbe du chien)或追踪曲线(courbe de poursuite),是在 Oxy 坐标图中由任何一个具有恒速 V 的点与 Oy 右侧具恒速(其主人)之点形成的曲线。见图。其演示见 Buhl M. A., *Nouveaux Eléments d'analyse. Calcul infinitésimal, Géométrie, Physique théorique*, Paris, Gauthier-Villars, 1937. pp. 10-12.(原作注)

本的东西。因此，人们不得不放弃确定的范式，而应用可能性的范式。所有科学研究将是尽可能全面地核实各种结果，认识这些结果表现的可能性（见下图）。只有当涉及大量的客体时，统计的数据才真正有效。这便是样本的问题，也是方法的"信任距离"[1]。

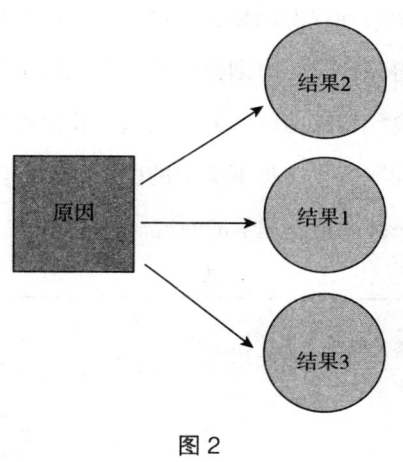

图 2

一个简单的例子可以证实我们先前的断言，并可以看到在教育科学与之前的话题之间有着明显的相似之处。人们向学生提出以下问题：一个土地所有者如果将其一半土地同一座房屋交换，他还要额外支付30 万法郎。如果他将全部土地同这座房屋交换，他可以收入 6 万法郎。其土地和这座房屋的价格是多少？[2] 该题全部结果在图表 3 中列出。按照前面的指示，我们首先在相同原因之前列举回答的类型（不同结果）。

1　Mialaret (G.), *Statistiques*, chap. 5.（原作注）
2　Mialaret (G.), *L'Apprentissage des mathématiques*, p. 155.（原作注）

我们可以根据属于不同类型回答的数量计算相对比例。简要地说，以下是一所初中几个班级的结果分布。

　　我们远未能建立如此严格的关系："原因→结果"和评估系统的"正确"或"错误"。这样的分析可以更好地研究何为学生的心理步骤，更好地根据主体的心理状态调整教育过程。比较在相继几个班级获得的数据，可以获得理解少年时期数学思维变化的丰富信息。尽管是表面现象，我们距离"狗踪曲线"并不太远。我们可以谈起检验结果的可能知识。"时间"变量（见下文）的引入，可以丰富我们对现象的认识，因此进入一种遗传心理学的研究。

表 1

回答类型	六年级 36 人	五年级 37 人	四年级 23 人
1）无图像	10/36	20 个学生中 6 个问题正确	0
2）图像无数学意义 简单图像：表现房屋和土地的方形	10/36	3/37	2/23
3）图像由两部分小图像构成，各自有说明，但未指出两者关系。 　1/2 土地　+300,000 法郎 　房屋 　土地 　房屋　+60,000 法郎	4/36	3/37	15/23

续表

回答类型	六年级 36人	五年级 37人	四年级 23人
4）图像包含三个部分 　1/2 土地　+300,000法郎 　房屋 　全部土地　+60,000法郎	1/36	3/37	4/23
5）图像只有两条线，但学生只有一种解释数据。 　1/2 土地　+300,000法郎 　房屋	5/36	1/37	2/23
6）图像虽然只有两条线，但学生正确解释全部数据。	6/36	2/37	0

表2

结果1	27.78%
结果2	27.78%
结果3	11.11%
结果4	2.78%
结果5	13.89%
结果6	16.67%

由于比例的限定并未指出，上面的表2仍不正确[1]。实际上，结果应当以下列形式表示：

1　这一信息的缺失则是一种统计造假的方法，某些政治人物或某些公共企业并不吝于此。（原作注）

表3

结果1	27.78%	±14.63
结果2	27.78%	±14.63
结果3	11.11%	±10.26
结果4	2.78%	±5.37
结果5	13.89%	±11.3
结果6	16.67%	±12.17

这些结果使我们对细微差别做出判断，并意识到我们的经验和解释的局限性。于是，我们应当提出这样一个问题：使可信度误差不超过2位数的最小数量应当是多少？简单计算显示，我们需要超过1926个样本。这样又提出了另外一个问题：样本的同质性问题。这里还有教育经验的困难：如果人们想获得可信度误差相对小（例如 ±2）的工作质量，需要更大样本；但班级的数量和学生的人数受到固定空间的限制；为了获得希望的个体数量，需要在另一场所（如其他城市）工作……社会与文化环境、教师群体……也不再相同。这就是研究者迫不得已的局限。

二、"海森堡不确定性"

对无限小的探究在我们的思维方式上产生了深刻的影响。物理学家、数学家、哲学家（特别是巴舍拉）非常理解人们称为"海森堡[1]不

---

1 维尔纳·海森堡（Werner Heisenberg，1901年12月5日—1976年2月1日），德国物理学家。（译者注）

第四章　无限小……教育科学与心理学的关系

确定性[1]"的重要意义。它涉及什么？如何以简单方法呈现？

自从伽利略以来，即从现代科学诞生以来，研究者与研究目标的分离构成了人们称为"科学客观性"的组成部分。实际上，一方面所有研究者都努力将观察到的东西，同由研究对象或现象所引发的个人反应或印象分离开来；另一方面，观察者或研究者的"中立性"又成为科学研究伦理的一部分。这一立场显得十分明确，特别是在自然科学领域。观察一对正在筑窝的鸟，描绘一种植物的生长，气象现象或天文现象的观察等活动，都要求将物体与观察者分离（至少是在自然科学上，这个自然是从我们人类的角度看的自然）[2]。人们想到，观察者的观察行为根本不能改变客观事物或所研究的现象，但人们已经知道它在现实认识中所承担的测量工具作用。这在通过在物体、状况、过程之中利用工具对物体或状况或过程的认识等其他情况下变得不太清晰。我们完全知道，温度计的特点之一是把它浸入浴缸的水中时，基本不会改变水的温度。这是什么意思？通过温度计对温度的测量，是在状况（例如浴缸水的实际温度）与温度计温度之间建立平衡的结果。但这绝不是我们测量的浴缸水的准确温度，而是当前两种温度合成的结果。鉴于液体体积与温度计端头的体积，在我们看来，仪器记录的数据明显是温度计所插入位置的液体的温度。实际上，在仪器上读出的温度是液体实际热度和温度计带来的热度的混合结果。两者的大小极为不同，人们便认可忽略测量仪器的成分，而认定浴缸的水温

1　Bachelard (G.) *Le Nouvel Esprit scientifique*, p. 122. （原作注）
2　稍后，我们将看到人文科学不会以相同的方式提出问题。（原作注）

为仪器上读出的数值。

现在介绍由"海森堡不确定性"[1]带来的变革。比尔这样概述：它由在某些轨迹上，确切地说，同时在轨迹的某一点和在此点的切线（或速度）的不确定性构成。确切地说，此点使切线的概念相对于这一点的轨迹极不确定。相反，如果确定切线（或速度矢量）的方向，不确定性将关系到接触点（或活动体）的位置。爱因斯坦关于此主题有如下论述[2]：

> 海森堡的这一思想曾在30年代初的科学群体中引起一次真正的海啸。因为，如果未来无法确定，人们便有权极其简单地提问传统科学会如何：由于对结果的失望，这个时代的物理学家应当学习在量子的风暴中生活，在不确定性及其疯狂中生活。（见下文关于量子理论的论述）

借助于下面的图示来解释这一定义：轨迹上的一颗粒子；我们处于无限小领域；为了研究这一粒子，需要观察；但在我们所处的水平上，需要某种意义的"光照"，就是说要对其发出光线（亮光或其他光）；但光子构成的光线（如果是光线），与要研究的无限小的粒子具有相同的大小规格；要研究的粒子与所要研究的光线在轨迹相交

---

1 详见 Parrochia D., *Les Grandes Révolutions scientifiques du XXe siècle*, Paris, PUF, 1997. p. 180 及 s. Buhl M. A., *Nouveaux Eléments d'analyse. Calcul infinitésimal, Géométrie, Physique théorique*, Paris, Gauthier-Villars, 1937. t. 1, p. 7。（原作注）

2 Einstein (A.), Infeld (L.), *L'évolution des idées en physique*, p. 15.（原作注）

第四章　无限小……教育科学与心理学的关系

的点上，相交并不能改变所要研究粒子的轨线；观察到的速度并非粒子在轨迹上的真实速度；它只是两个矢量之和，即发射的光速矢量与粒子真实速度矢量之和（见下图）。

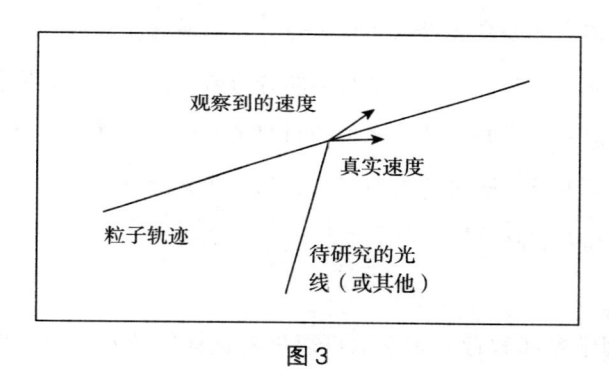

图3

巴舍拉明确指出：

> 在微观物理学上，因此并没有针对观察物体方法的无过程行为的观察方法。[1] 爱因斯坦补充道："基本粒子在观察工具形式中所表现的这一令人惊讶的可操纵性，在许多物理学家那里有利于这样思想，可以说，现实与观察者密不可分。丹麦物理学家尼尔斯·玻尔（Niels Bohr）[2] 之后形成的学派所开辟的新路，提出了对世界新的解释：对于'哥本哈根学派'，新的量子理论终结了传统的客观性概念。自此，如果我们足够细致地观察世界，就是

---

[1] G. Bachelard, *Le Nouvel Esprit scientifique*, p. 122. （原作注）

[2] 尼尔斯·玻尔（Niels Bohr, 1885年10月7日—1962年11月18日），丹麦物理学家。（译者注）

说在原子水平上,其真正存在的状态部分取决于我们观察的方法和我们选择的观察点。"更为具体的是,我们在爱因斯坦和英费尔德(Infeld)[1]的书中看到以下例证:但实际上,准确地说,这个著名的不确定性原则是什么呢?为搞懂它,我们做一个简单的想象就足够了,即我们要观察其行为的一只夜鸟。如果我们要观察一只夜鸟或猫头鹰,我们必须用光照明。这样,我们会改变其行为。相反,如若无光照明,我们只能见到一个轮廓,而不能做出详细的描述。[2]

心理学家和教育心理学家可以思考这样的论断,并提出关于考试的类似问题:一个测验,一次心理学考试能够了解实际情况(当前水平、当前状况)或知道未来变化吗?这也是所有诊断与预测所具有的问题。

如果接受在微粒现象与心理现象之间存在一种可能相似的假设,就不会再如昔日那样确切地提出有关观察的问题。我们关于对周边世界的认识,是我们运用研究这个世界的工具的结果,是我们无意识地应用的参照系统(瓦隆之说)的结果,是我们所采取的可以解释或不可以解释的标准的结果。科学活动的任务之一恰好是解释我们认识世界的步骤,以便标识出其方法与技术所处的位置,这些方法的方法论

---

[1] 利奥波德·英费尔德(Leopold Infeld,1898年8月20日—1968年1月15日),波兰物理学家。(译者注)

[2] Einstein (A.), Infeld (L.), *L'Évolution des idées en physique*, p. 14. (原作注)

第四章 无限小……教育科学与心理学的关系

特点所发挥的作用,并以所有这些信息为起点,构建可解释的假设或可理解的模型。

三、关于我们的世界知识的评述

下面关于无限小和海森堡不确定性的发现的回顾,引导我们对人文科学中的研究步骤可能的相似性进行若干思考。

1. 我们对外部世界的认识与我们的感官

我们很早就知道我们对外部世界的认识依赖于我们的感官。以下引文便是这种验证[1]:

> 例如,狗能感受超声波,通过对狗的训练,它可以对人不能感知的哨音有所反应;感光板可以对人所看不到的紫外线感光。卡雷尔(Carrel)[2]指出,如果我们的感觉器官具有另一种能力,我们会惊奇地发现世界是这样的景象:"如果视网膜能够记录长波的红外线,自然呈现给我们的将是另一种面貌。由于温度的变化,水、岩石、树木的颜色会随季节变化。七月清亮的天空,最少的污浊和最清晰的树影已无踪影,见到的是所有物体将被淡红色的浓雾所笼罩。在寒冷的冬天,大气变得透明,物体的轮廓清晰起来。但人的形象已经变化,他们的面孔难以辨认。彩云戴上

---

1 Mialaret (G.), *Psychopédagogie des moyens audiovisuels*, p. 28. 引自 Carrel (A.), *L'Homme, cet inconnu*, Paris, Plon, 1954. (原作注)
2 亚历克西·卡雷尔(Alexis Carrel,1873年6月28日—1944年11月5日),法国外科医生、生物学家与优生学家。(译者注)

了面具,从人们的视网膜和眼中消失。一项剧烈活动之后,身体的体积会变大,因为产生的热量在身体周围形成更大的光晕。同样,无论如何,只要视网膜能够感受紫外线,即光线的外层,或仅仅是我们每个人的感觉器官的感受性有明显提升,外部世界就会变化。"

哥本哈根学派对此有进一步发展,这点我们将在第五章讨论[1]。

显然,由于我们感知能力的不足,我们周边有大量的信息未能被发现:小小的收音机可以捕捉整个世界的信号,而我们的感觉却无能为力。(透视仪、超声波检测仪等)新的医疗技术为我们揭示有关人体的宝贵信息,而这些信息无法凭我们的感官获取。

我们的感知生成的不是简单的成分:形式、颜色、材料……所有感知都是信息复杂合成的结果,而这些信息又是与我们个人的所有其他组成部分一起呈现,并且那些个人组成部分又是个人经历的结果。当人与他人相遇,又增加了其他主观数据:他漂亮或他丑陋,他和蔼或他讨厌,他与熟悉的某人相像,唤起我们对这个人好的或坏的记忆……

---

[1] "基本粒子的这一令人惊奇的驯服,是在诸多物理学家应用有利的观察工具的形式下呈现的,思想的实现可以说与观察者密不可分。一个在丹麦物理学家尼尔斯·玻尔之后形成的学派所开辟的道路,目的在于提出对世界的新解释:对于'哥本哈根学派',新的量子理论把一个概念置于客观性的传统观念之中。于是,如果我们足够细致地观察世界,就是说在原子的层次,其真实存在的状况,部分地依赖于我们观察的方法和我们选择的观察点。"(原作注)

这也会发生在以教育为目的的相遇之中，并有两种方向：教师相对于学生和反向的学生相对于教师。于是，这便在团组之内构成一种"环境"和"关系"（见以下关于场的概念）。

这是在所有人类情境中观察者出现的问题，也是他或她在观察或评价过程中由其带来的思想的问题。

2. 观察者在情境中的作用

当两个或几个人出现在一种心理交换场域时，便会直接创造出或是语言场，或是姿态场，甚或心理与情感场，这种说法并无太多新颖之处。这只是我们将在教育情境呈现的图示中的基本条件。在以下研究的情境中，我们所做的比较与类比实际上是在行为的进程（轨迹）中，一个（或几个）主体与其他（轨迹）相遇所引起新情境的产生。但在这一领域极少有严谨的研究，具体到这一点，只是满足于相信这会得到证实。舍吾罗莱和勒卡尔维（Chevrolet, D. et Le Calvé）尝试在初等教育的一个班级中实施一项比较认真的研究。研究目标是"通过直接记忆的考察，测量陌生的观察者在一个班级被动出现的结果"。学生在整体上由教师进行评估（优、良、中、差四种学生）。教师制定班级学生排列表，对学生的位置和他们每个人的评价一清二楚。教师所教的课程包括学生未知的7—8个概念。评估测试是关于短时记忆的检验，涉及5个概念的定义。

换句话说，无论学生最初属于哪个类别，其新的成绩或更确切地说其成绩变化，都能引起观察者对其位置的判定。学生的重新分布出现了不同的小类别：

1）成绩提高的区域，处于明显靠近观察者的地方（教室的南面）。

2）成绩无变化的区域，处于靠近教室中间的部位。

3）成绩下降的区域，比较接近教室中间偏北的位置。

重申一遍，观察者基本是被动状态。主体的个人行为，犹如在真空的人类空间展开的行为一样不被研究；而对于关系问题，我们后面再提及。

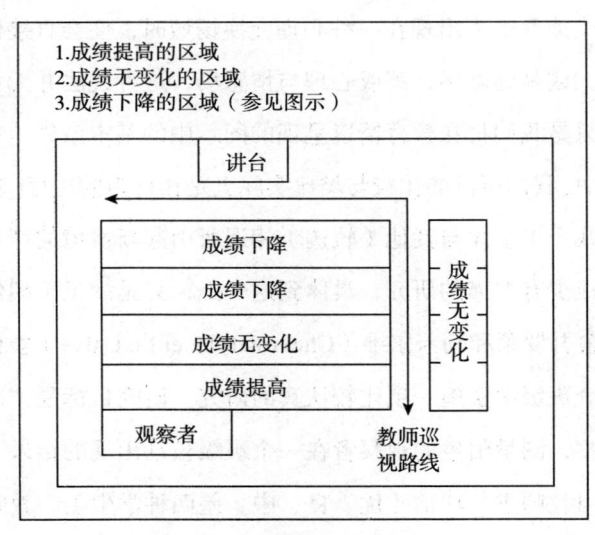

1.成绩提高的区域
2.成绩无变化的区域
3.成绩下降的区域（参见图示）

讲台	
成绩下降	成绩无变化
成绩下降	
成绩无变化	
成绩提高	
观察者	教师巡视路线

图 4

3. 预设的作用

我们行为的每一瞬间都不能脱离我们的过去。所有当前的评价部分地依据以前发表的评价。教师与新生的接触也不可能与预设毫无关联，我们可以通过以下经验来验证。

学生的在校地位，还决定着对他们学习成绩的评价。伯尼约尔

第四章　无限小……教育科学与心理学的关系

（Bonniol）、努瓦泽（Noizet）、卡维尔尼（Caverni）[1]等人的实验清楚地证明了这一点。

这一实验的规则如下：将六年级包含关于相同题目的8份法语作文的一批作业本收集起来，交由两组评价者。其中一组评价者被告知，这些作文由六年级的一类学生所写，同时另一组评价者被告知，这些作文由六年级的三类学生所写。就是说，这些作文或者是由六年级的高水平学生所写，或者是由六年级的低水平学生所写。两组评价者得到的作文是完全一样的，唯一不同的是被告知的学生水平。这样，如果见到评分的系统性差异，只能认为评价者在最初并未掌握相同的信息。试验的目标是尝试标示出受参考模式影响而可能出现的整体倾斜。换句话说，这里的假设是，如果评价者知道或可能知道他们评价的作文由某一年级的高水平学生或由某一年级的低水平学生所写，由于参考模式的差异，评价结果是否还是一样。

表4

某一类型学生真实的和虚拟的平均成绩[2]			
	作为一类学生所写而呈现的作文	作为三类学生所写而呈现的作文	
真正由一类学生所写而呈现的作文	11.47　　10.19　10.83	10.56　　8.13　9.34	10.09

1　Noizet G., Caverni J.-P., *Psychologie de l'évaluation scolaire*, Paris, PUF, 1978. p.84.（原作注）

2　法国学校测试评分习惯为20分制。满分为20分，及格为10分。（译者注）

续表

某一类型学生真实的和虚拟的平均成绩		
作为一类学生所写而呈现的作文	作为三类学生所写而呈现的作文	
真正由三类学生所写而呈现的作文	12.25　　　10.72 11.49	10.62　　　9.28 9.95	10.73
	11.16	9.65	

在以上各个方框内：
——左上方：学生与教师共同给出的平均分数。
——右上方：在职教师给出的平均分数。
——中间：两者的平均分数。

平均分数在统计上有显著差异。
向评价者告知学生水平是评价的潜意识因素。

4. 应用于评估的工具的作用

巴舍拉明确指出（曾经引述）："在微观物理学上，因此并没有观察物体的无过程行为的观察方法。"[1] 这里提出的所有观察问题，同时也是在粒子现象和心理学现象之间可能的类似形式的假设。我们对于周边世界的认识取决于我们研究这个世界的工具，取决于我们无意识地运用的参照体系（瓦隆语），以及我们采取的可解释或不可解释的标准。科学活动的任务之一恰好是解释我们认识世界的步骤，以便标识出其方法与技术所处的位置，这些方法的方法论特点所发挥的作用，并以所有这些信息为起点，构建可解释的假设或

1　G. Bachelard, *Le Nouvel Esprit scientifique*, p. 122.（原作注）

可理解的模型。

下面是所有具有投票权的公民应当思考的例证。

100个人（这里当然是一种模拟）中有甲、乙、丙三个候选人。我们首先做几个假设，以便使我们的模型具备某些一致性。

第一假设：选举者具备将三个候选人按照个人倾向排序的能力。

第二假设：如果有连续几个投票箱，选举者具有一致的行为，就是说（当一个候选人缺席时）最初的排序也不会变。

如果同意这样简单的假设，第一轮的投票结果如下：

顺序为甲乙丙的票数为33，顺序为乙甲丙的票数为18，顺序为乙丙甲的票数为12，顺序为丙乙甲的票数为37。

如果只设一轮投票，那么结果是这样：

甲 = 33 票，乙 = 18+12 = 30 票，丙 = 37 票

丙当选。

如果有第二轮选举，第一轮排序最后的候选人将被淘汰：

甲 = 33+18 = 51 票，乙 = 淘汰，丙 = 12+37 = 49 票

甲当选。

如果按前两名候选人的多数票计算：

甲 = 33+18 = 51 票，乙 = 33+18+12+37 = 100 票

乙当选。

由于所选工具的不同，同一投票结果会产生不同的选举结果。谁在骄傲？政治家决定的选举规则值得人们去思考。

5. 关于当前"决定论"概念的思考[1]

我们想在这里引入在我们看来对于解释人类行为是基本的两个概念：多种形式的决定论概念和决定论影响范围的概念。

——人类（社会的、教育的、个人的……）活动从属于决定论的多种形式：历史的、社会的、经济的、技术的……并与一定时间相互影响：行为的决策时间与执行时间。通过一项物理试验，我们可以了解几乎所有影响，因此决定论的形式在试验期间的作用为：气压、温度、电场强度、大气的化学成分……当然，影响因素很多，有时也尚不得而知。对于人也是这样。简单的日常装束选择行为可以说明决定论的多种形式：男人的西装是一种因素，还有样式、颜色……人们可以看到它们与其他国家或大陆的区别，还受到时尚影响，也是社会决定论的一种显示方式。如果我去参加一个正式仪式或葬礼，我只能在我的服装中的一个分类中选择；如果我去海边散步，我可以穿上短裤。以另一种方式说，一切都受到了约束，我好比到达狗踪曲线中 O 点的粒子：我有几种可能的选择，但随即便处于我必须遵循的路线。我不能穿着便鞋参加我朋友的葬礼；我的符合社交要求的西装需要配上一双皮鞋。可以说，这只是一种相像的情况。我们在某一确定的圈子内走动，在这个圈子之内，我们可以随心所欲地走路，从我家到我的办公室是一条常规路线。每天我都走一条特别的路线，而路线的改变或是偶然的（这条路或那条路），或符合另一种决定：这条路的状况不佳，或

---

[1] 见 G. Bachelard, *Le Nouvel Esprit scientifique*, 第五章："决定论与非决定论及物体的概念"。（原作注）

第四章　无限小……教育科学与心理学的关系

因为阳光太强，或因为太阴暗。我选择的路径可以按照前面提到的粒子的方式加以定义，具体来说：我有诸多机会走这条路而不是那条路。但是显然，我的行为在整体上全部由一系列的决定论所决定，每一刻都引导我做出某一项选择而不是另一项选择，并处于被各种时机决定的行为边界之内。这便是我们在进行一项实验时，我们所体会到的一种或多种想象带。

——但是在做出决定时，各个决定论并不具有相同力度。当我在为佩戴一条领带（实际上我应当佩戴领带）做选择时，若干理由使我去选择这样或那样的领带：通常是与西装的颜色相配的领带，或是我特别喜欢的领带，或是我的一个女儿送给我的领带……如果我将遇到我的女儿，我倾向于佩戴她给我买的领带。其实，我更想佩戴与我的西装颜色相配的领带。还有一种选择是"既让我的女儿高兴"，又可能与"西装颜色"相配。就是说，在某一特定时刻，两种决定论没有相同的决定力度。这也是教育者在课堂上常见的情况。但这些选择必然表现在可能行为之中，或机构、情况、学生类型等允许的行为。

因此，我们所处的情境与我们指出的量子论中的情境相似（见第七章）：每一瞬间，我们行为的发生或改变，在个人选择方式完全无法解释的情况下进行，在另一层面，不同的决定论在发挥作用。我们的认识应当置于统计的层面，以便对行为有一个整体观察，重新回到个人选择执行之点，并尝试确定何为起决定作用的决定论形式。在这里，另一解释系统可以作用于其中，我们可以根据下面解释的标准来

043

讨论这一系统的科学价值。

关于决定论概念的讨论

普朗克（Planck）[1]在阐述量子理论时，人们有些过快地相信决定论的概念消亡了。这活儿干得太快了！正如人们经常在科学史见证的那样，新的理论不能完全取消所有先前的理论，相反却是新的整合和对科学之谜新的解释。并非是决定论的概念应当消失，而消失的是机械论曾经将决定论概念带入的唯一公式：相同的原因总是产生相同的结果。为表明我们的立场，我们重申，决定论是根据自然界的所有现象，包括人与社会现象，由科学致力于认识的规律所支配而定义的概念。贝尔纳（Bernard）[2]明确指出："除了科学决定论的原则，经验批判质疑一切。"[3]在这里，我们没有分析这一变革的计划，但贝尔纳已经阐述了生物决定论的概念[4]，并且卡尔·马克思（Karl Marx）[5]也阐述了历史辩证主义决定论的概念[6]。保罗·朗之万（Paul Langevin）[7]

---

1 马克斯·卡尔·恩斯特·路德维希·普朗克（Max Karl Ernst Ludwig Planck, 1858年4月23日—1947年10月4日），德国物理学家，量子力学的创始人。（译者注）

2 克洛德·贝尔纳（Claude Bernard, 1813年7月12日—1878年2月10日），法国生理学家。（译者注）

3 见《理性主义辞典》(*Dictionnaire rationaliste*)之"决定论"（Déterminisme）词条。（原作注）

4 Claude Bernard, *Introduction à l'étude de la médecine expérimentale*.（原作注）

5 卡尔·马克思（Karl Marx, 1818年5月5日—1883年3月14日），犹太裔德国哲学家、经济学家、社会学家、政治学家、革命理论家、历史学者、共产主义者。（译者注）

6 Karl Marx, *Manifeste du parti communiste*.（原作注）

7 保罗·朗之万（Paul Langevin, 1872年1月23日—1946年12月19日），法国物理学家。（译者注）

在一次物理学研讨会上发表了精彩的演讲，驳斥了"反决定论"的观点：

> 今天，人们谈起有关决定论的批判，而事实的客观决定论确实比过去更为人所知。当然，随着我们认识的真正进步，我们被引导去改变我们曾经确定的决定论概念。但是，那些论述我们关于决定论认识的变化就是决定论失败的人，徒劳地炫耀最现代的科学。他们的这一思想不是来自于现代科学，而是从反科学的古老哲学中得来的，并试图再把它置入科学之中。[1]

---

1 *Dictionnaire rationaliste*, p.136.（原作注）

第五章　世界的认知与参照系

我们相对于参照系统的观察与判断是如此轻车熟路，而感觉不到任何解释的必要。我们的所有行为与活动都与某一参照系统相关。当我在一节时速百千米的车厢里读一本书，我手里的书也在以每小时百千米的速度运动。我也可以在车厢里抛掷和玩耍一个小球，但小球不会飘向后面的玻璃窗上，而仍在车厢的空间里，我可以继续玩耍。在一个相对于地球的运动空间里，我们的身体和我们的全部姿态都与这个运动空间的移动速度相一致。另一简单实例是根据所采用的参照系，显示出视角的差异：两列火车行驶在平行的轨道上，一个旅行者坐在其中一列车上（当前的参照系），从窗中看到另一旅行者坐在另一列车上读报。车厢中的两个旅行者都没有动。根据两列火车速度的变动，两个旅行者看起来是并排而坐，或者朝一个方向或相反方向渐行渐远。对于坐在车厢里的那个旅行者，其当前参照系是他所乘坐的列车，他坐在那里一动不动（速度 V_0）。另一列火车上的旅行者，也是坐着不动，看起来也以一定速度移动（速度 V_1）。站台上一位认识两个旅行者的观察者，则会看到另外一种景象。因此，我们对世界的认知依赖于我们有意识地或无意识地采用的参照系统。当我们"脚踏在地上",我们的参照系统是地球……地球自身也在根据不同运动而移动,而我们却相信它不动。"然而,地球依然在转动",伽利略在被判决之后如是说。正如我们将要看到的在另一状况下普遍存在的现象:我们对一个孩子的评价直接参照于最初的参照系:年龄。如果这个孩子被认为"正常"的话,人们会低估其心理能力。另外的参照系则与我们的教育水平和心理知识相关。

  首先是伽利略,然后是笛卡尔,是他们坚持参照系统的重要性,其重要性不亚于我们关于地球事物的讨论。因此,我们的基本参照系统或多或少都无意识地指向地球。当我们从地球之宇宙过渡到普遍意义上的宇宙,问题变得更加难以捉摸。宇宙自身总是以极快的速度膨胀(对于此点,见我们将在以后关于相对论的专题中所做的简短评论)。

  为了详细描述这些概念,并用数学的方法处理从某一参照系向另一参照系过渡的问题,科学家们已想象出多种技术以确定某一点、某一地或某一星球的位置。

  下面介绍几种坐标系统供大家参考:

笛卡尔坐标:

  某一点在三维空间的位置由其三个坐标确定

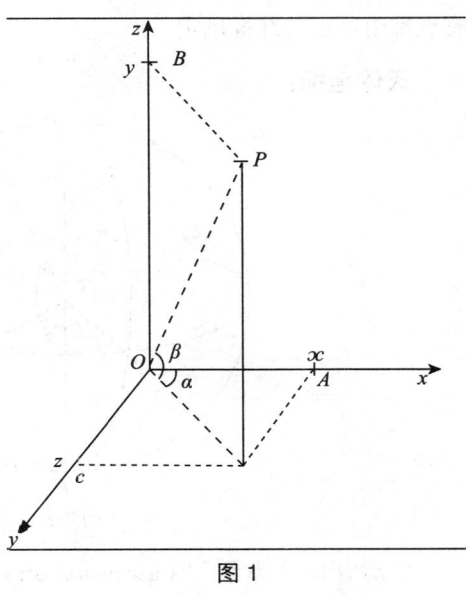

图1

$OA=x, OB=y; OC=z$ $(OP)^2=(OA)^2+(OB)^2+(OC)^2$

地理坐标：

图2

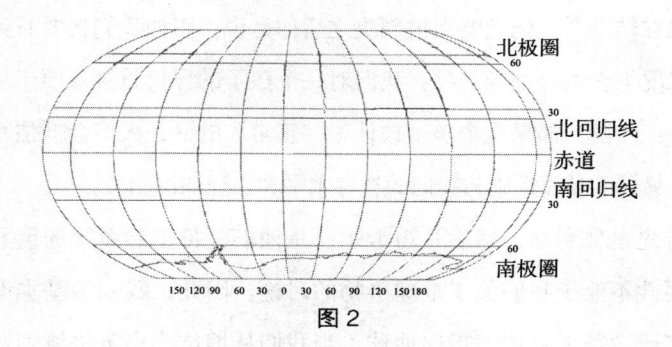

从初等教育开始，我们便教学生经度与纬度，以具体确定某座城市或某个国家（地区）。本初子午线便是格林尼治子午线。地球的所有点都由经度与纬度确定。

天体坐标：

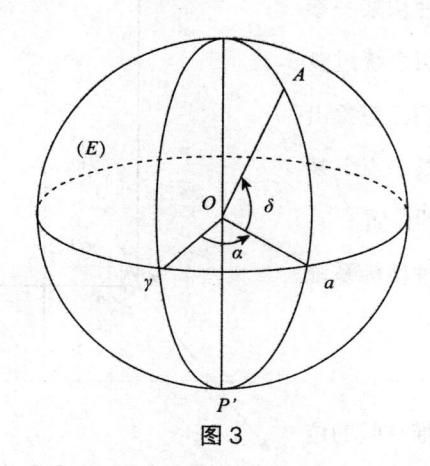

图3

星球 A 由"赤经"（ascension droite）确定，即由时圈（cercle

horaire）和本圈（cercle d'origine）的角"α"所确定，并由与"赤纬"（déclinaison）平行的、由星体的方向和天赤道（équateur）平面所形成的角"δ"所确定。一颗星体的坐标则因地球白昼运动而变化。

当然还有不会引起争议的数学参照。说巴黎在图卢兹以北，不会有人反对，因为在所选择的参照系中，巴黎的纬度高于图卢兹的纬度。

然而，我们的参照系可以选择更为难以确定的形式，因为这些形式不仅更加微妙，还包含其他更加主观的因素，不能像数学系统那样达到普遍的共识。相反，我们采用这些参照系时，不总是意识到我们的判断却依赖于这些价值系统。所有人类境况（特别是教育境况）的参与者并不依据心理学的，或社会心理学的，或教育学的相同参照系。于是便如此：

——教师有其自身的参照系，这个系统与其个性、教育、经历、个人状况等相关；

——每个儿童也有其自身的参照系：家庭、社区、之前的学校经历……；

——学校机构同样有其自身的参照系：其历史、政策制度、所处社会的技术状态……；

——教师与学校的关系有其自身的参照系：职业经历、工会关系、政治……；

——学生与学校的关系有其自身的参照系：学校经历、学校在社会中的作用与地位……

"教师与学生"的关系应当同时根据各自的参照系，学校机构的参照系统及他们的所有参照系统之间的关系加以分析。

一、直接应用于观察的问题

物理学观察模式曾经是适用于所有情况的客观观察的唯一模式，但这个时代已不复存在。

在此方面，认识的客观性（就是说与其外部的对象相一致）并不与产生认识并作为认识的构成条件的主观性完全对立。但是，反过来，一个试图构想世界的思想不能自愿在其意识的局限中封闭，通过构建一种相应的客观性要求，提出自身之外的目标。科学认识自从其未来选择的构建以来，便区分了两个对立的特征：主观性与客观性（认识的主体与认识的客体）。这两个特征（在相互排斥的意义上）并非对立的实体，因为它们在一种动态的关系中相互确定。认识便是它们之间动态的相互作用的结果，或者说，是它们之间辩证关系的结果。在这里，我们可以重新引用第20页（注：原著页码）[1]中的一段话，克洛德·列维－斯特劳斯（Claude Lévi-Strauss）[2]在谈到结构主义时重提尼尔斯·玻尔1939年写下的名言：

> 人类文化之间的传统差异与不同的习惯极为相似，并且大体相当。根据传统，实际经历得以被描述。[3]

---

[1] Einstein, Infeld, *L'évolution des idées en physique*, p. 16. （原作注）

[2] 克洛德·列维－斯特劳斯（Claude Lévi-Strauss，1908年11月28日—2009年10月30日）法国人类学家。（译者注）

[3] Livi-Strauss (C.), citation in *Le Nouvel Observateur*, hors-série, p. 20. （原作注）

第五章 世界的认知与参照系

```
                主体与现实的辩证关系
                       ↓
         观察者  ⇄  现实
                ↘    ↙
                科学知识
```

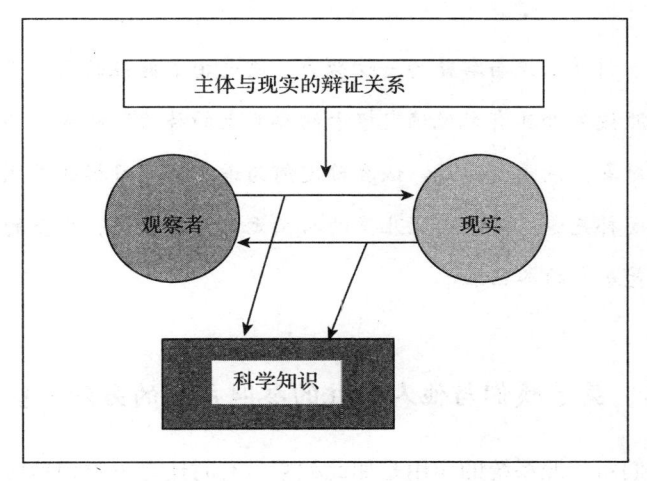

图 4

亨利·瓦隆在心理学方面具有相同的科学视角和立场：

  作为认识工具的单纯观察，其巨大困难是我们运用一个参照表时并不总是了解其应用是非理性的、本能的、必不可少的。当我们从事实验时，实验的相同措施应用于在可以解释的系统中事实的变位。涉及观察时，我们给予事实的公式经常对应我们与现实最主观的关系，对应我们自身在日常生活中所运用的实际概念。这样，不向儿童表达我们的若干感受或意愿，就难以观察儿童。一个动作并非一个动作，不过是我们要表达的现象。除非这是一个重要习惯，否则都不过是我们记录的假定信号，或多或少忽略了对姿态本身的描述。

科学认识与解释的一切努力，总是由本能性的或自我中心的参照被另外具有客观确定概念的参照表的替代所构成……对于观察对象，最重要的是，认真确定何为适应研究目标的参照表。瓦隆还补充道：对于研究儿童的人，无可置疑的是，儿童的发展年表是基本的参照系。[1]

二、关于我们与他人交往的参照系统的另外一些观点

我们对参照系统的应用是如此频繁，有时还是下意识地应用，甚至从一个参照系过渡到另一个参照系也浑然不觉。最常见的例证是我们的语言对其他语言的参照。我们的文化水平与语言的水平同步增长：我们日常与孩子们讲话时使用的语言，不同于我们在职业生活中应用的语言，而在职业圈子内部，我们与同事讲话时使用的语言不同于我们与大学校长讲话的语言。我们具有一个语言应用的普遍系统（例如，正确严谨的语言相对于只遵守最简单语法规则的语言），我们还有一些参照的子系统，使我们语言的普遍参照系统在日常生活情况中呈现出差异。一个良好系统的不当运用，会被人说成是书呆子的表现，或完全不合时宜。而参照系统的不良运用，有时还会使我们震惊：当一些民间小道消息从高级政治人物的口中说出，会使我们感到不快。因此在语言领域，如同在其他人类活动领域，人们不能说是只有唯一的

---

[1] Wallon (H.), *L'évolutions psychologique de l'enfant*, p. 19. （原作注）

参照系统，但对于普通的、稳重的个人来讲，其参照的子系统应当表现出与其习惯行为相匹配的水准。同样也可以说，对于我们的所有行为都应是这样。一个知识分子在其工作台之前的逻辑，不能总是在解决物质问题面前的逻辑，比如维修与启动一台故障机器。知识分子站在一台机器前面，经常表现出孩子般的或原始人的行为。

三、如何表达我们的价值系统？

大体上说，我们的价值系统贯穿我们的整个评价系统。从量的方面说，这从表达一种偏爱便已开始：人们喜爱这个诗人与那个诗人，这个音乐家与那个音乐家……研究这些偏爱便是接近于对一个人的个性研究，而心理学家并不排斥这种研究。"告诉我你所爱，我便告诉你所是"，这种宣称并不失为一部分真实。

具有这种现实的意识，某种程度上在所有评价问题中基本存在。一些简单例证可以说明这些情况。

这是一个包含 10 个问题的问卷，人们向 A、B、C 三个主体提问。

他们的回答归纳在下表中（对每个问题的回答用 + 或 - 号表示）

表 1

主体	问题编号									
	1	2	3	4	5	6	7	8	9	10
A	+	+	+	-	-	-	+	-	+	-
B	-	-	-	+	+	+	-	+	-	+
C	+	-	+	-	+	-	+	-	+	-

三个不同的评卷人，按照各自的观点（参照系统），对问题的重要性提出了以下三项评价序列：

表2

评分系统	问题编号									
	1	2	3	4	5	6	7	8	9	10
S1	2	2	2	2	2	2	2	2	2	2
S2	4	4	4	1	1	1	2	1	2	1
S3	1	1	1	4	4	4	1	2	1	2

根据权重（赋予每个问题的系数），人们可计算出每个答题者获得的分数。

表3

主体	评分系统		
	S1	S2	S3
A	10	16	8
B	10	5	16
C	10	13	8

一个人的分数并不仅仅取决于其回答，还与阅卷系统（多数情况下是指评卷人）有关。所有答题人都有正确回答的平等数量（50%）。在应用阅卷标准之前，有必要利用加权系数，作为工作的前提条件，使评卷人同意应用这一系统。

当官方规定的系数（比如某种竞考）、不同特性的方法不均衡时，分析"系数"的重要性变得更加微妙。我们在下面的例证中（例证根据具体事例设计）讨论这一问题。

在两科试卷的竞考中，评卷人交给秘书处以下分数：

表4

答题者姓名	科目一	科目二	总分	结果	加权总分	结果
A	7	14	21	通过	42	未通过
B	7	8	15	未通过	36	未通过
C	3	11	14	未通过	23	未通过
D	5	17	22	通过	37	未通过
E	7	6	13	未通过	34	未通过
F	11	12	23	通过	56	通过
G	1	10	11	未通过	14	未通过
H	1	9	10	未通过	13	未通过
I	8	13	21	通过	45	未通过
J	8	8	16	未通过	40	未通过

说明：

——科目一考试的平均分数为5.8分；

——科目二考试的平均分数为10.8分。

第4列是将两科考试的分数简单相加得出的分数，结果写在第5列。

第6列的分数是加权分数，即运用以下系数：4用于科目一考试，1用于科目二考试。结果明显不同，见下表：

055

表 5

	两科考试总分	两科考试加权总分
通过人数	4	1
未通过人数	6	9

我们可以说，竞考由于科目一考试在整体结果中占据优势而显得不平衡，并且可见只有一个人（F）通过考试，而他的分数低于平均分数。科目二考试的好分数不足以弥补由科目一考试引起的不平衡。不平衡源自于两科考试分数没有相同的平均分（5.8 分和 10.8 分）。

为了寻求另外的解决办法并纠正这一偏差的影响，人们将正态分布曲线，即高斯（Gauss）函数作为参照系[1]。实际上，人们将所有分数引入 Z 值系列，中间值 $M=0$，方差 $\sigma=1$，得公式如下：

$$Z = (X-M)/\sigma$$

在这里，X 为评卷人给出的分数，M 为分数的平均值，σ 为给予答题者的分数分布的方差值。我们可以得到下表：

表 6

第 1 列	第 2 列	第 3 列	第 4 列	第 5 列	第 6 列	第 7 列	第 8 列
科目一考试	Z 值分数	科目二考试	Z 值分数	简单分数和	结果	加权分数和	结果
7	0.37	14	0.97	1.34	通过	2.44	通过
7	0.37	8	−0.85	−0.48	未通过	0.62	通过
3	−0.86	11	0.06	−0.80	未通过	−3.37	未通过
5	−0.25	17	1.88	1.63	通过	0.9	通过

1　Mialaret (G.), *Statistiques*, p. 39.（原作注）

第五章 世界的认知与参照系

续表

第1列	第2列	第3列	第4列	第5列	第6列	第7列	第8列
科目一考试	Z值分数	科目二考试	Z值分数	简单分数和	结果	加权分数和	结果
7	0.37	6	−1.45	−1.08	未通过	0.02	通过
11	1.60	12	0.36	1.96	通过	6.74	通过
1	−1.47	10	−0.24	−1.71	未通过	−6.13	未通过
1	−1.47	9	−0.55	−2.02	未通过	−6.44	未通过
8	0.67	13	0.67	1.34	通过	3.37	通过
8	0.67	8	−0.85	0.17	通过	1.85	通过
m=5.8	m=0.00	m=10.8	m=0.00				

说明：

——在将所有分数纳入 Z 之后，所有平均分数均为 0；

——第 5 列的数为第 2 列和第 4 列的数之和；

——考试通过的答题者以 Z 值（第 2、4 列）表示的两个分数之和为正数；

——第 7 列的分数为系数 4 和 1 的加权结果，即：

$$Z_7 = 4z_2 + z_4$$

于是，我们可以通过下表对结果进行比较：

表 7

	简单分数和	加权分数和
通过者	5	7
未通过者	5	3

为了明晰所选择的评价系统的结果差异，我们用下表作出说明：

表8

答题者姓名	分数总和	校正后的加权分数总和	Z类分数总和	Z类加权分数总和
A	通过	未通过	通过	通过
B	未通过	未通过	未通过	通过
C	未通过	未通过	未通过	未通过
D	通过	未通过	通过	通过
E	未通过	未通过	未通过	通过
F	通过	通过	通过	通过
G	未通过	未通过	未通过	未通过
H	未通过	未通过	未通过	未通过
I	通过	未通过	通过	通过
J	未通过	未通过	未通过	通过

"无论你强大还是卑微……"，都不行。根据不同的考试评价系统，你可以是白的（通过），或者是黑的（未通过）。

四、应用于我们的统计判断

我们的统计判断取决于研究者们或多或少采用的参照系统。我们要申明的是，这样的结果为 0.05 的显著性阈值。实际上，这意味着我们接受高斯函数分布的结果（这些结果还可以继续被论证，因为这些结果可以适应另外的统计分布！），我们接受的是允许5%错误的风险。现在我们不能说："我们的假设被证实。"我们可以说："所提出的假设具有95%的有效概率，因此我们有接受假设的风险，并且总是完

第五章 世界的认知与参照系

全知道这不过是一个假设。"

所有这些见解使我们明确地具有一种意识和一个基本的质疑：真理在哪里？难道这就是真理吗？我们例证中"通过"或"未通过"的单纯形式与人类的境况相一致。在某些情况中，悲剧成分并非不存在：在竞考中通过或被拒绝，可以显著地改变一个人预想的生活轨迹，可能产生难以克服的心理问题（所有由失败引发的行为）。评估者具有非常重要的责任，应当时刻保持这样的意识，就是说他们应当个人地或集体地寻求在他们看来最中肯的技术，以便更接近真理。为此，有必要借助于不同的技术[1]，以便最大程度地接近我们所相信的真理。当然，我们不应仅仅依赖统计来解决问题。相反，统计会使我们的判断与确认更加谨慎。例如，给出一个结果，但没有一定程度的信任，就不仅仅是提供了不完整的信息，甚至可能是提供了错误的信息……政治家、各种类型的宣教者、广告等长年累月地用这种新方法说谎。我们的同胞对"显著差异"（différence significative）的概念尚知之甚少。

---

[1] 在 Mialaret (G.), *Statistiques appliquées aux sciences humaines* 一书中的第 311 页，人们可以看到多重相关性的概念及关于预测问题的研究。（原作注）

第六章　两个基础科学革命（一）

相对论

撰写这一章并非易事。说起这两大科学理论，我们能不提及它们的数学基础吗？我们可能会想到帕洛查（Parrochia）[1]的这段话：

> "狭义相对论正确的历史呈现，首先依据麦克斯韦[2]的电动力学的阐述，需要详尽地谈及19世纪物理学家遇到的问题，以解释光在折射环境中传播的现象，以及他们试图解决这些问题，以掩盖对伽利略变换[3]的质疑：
>
> $$x'=x-vt \quad y'=y \quad z'=z \quad t'=t$$

1　丹尼尔·帕洛查（Daniel Parrochia，1951年12月9日—　），法国哲学与认识论专家。（译者注）

2　詹姆斯·克拉克·麦克斯韦（James Clerk Maxwell，1831年6月13日—1879年11月5日），苏格兰数学物理学家。（译者注）

3　伽利略变换（transformation de Galilée）是经典力学中用在两个只以匀速相对移动的参考系之间变换的方法，属于一种被动态变换。伽利略变换明显成立的公式在物体以接近光速运动时抑或在电磁过程中不成立，这是相对论效应造成的。（译者注）

第六章 两个基础科学革命（一）

这些现象可以这样说，一切都是自然的。"[1]

为进行更为详尽的研究，我们可以阅读后面参考书目中所列托内拉（Tonnelat）[2]的书。我们试图在这里寻找可以提高我们评论的可比性、类似性和开放性的方方面面。我们的评论仅仅是论证人文科学，特别是教育科学今天也不能忽视的当代科学思想的这些根本转变，并且结合前几个世纪的科学范式去工作、去推理、去解释。

下面，我们来回顾可以使读者对相对论有所认识的若干要素，以便更好地理解与之相关联的教育心理学领域。

1."场（champ）"[3]概念的重要性

在整个学校教育过程中，学生一般都听说过"场"：万有引力场、地球磁场、电磁场……爱因斯坦将"场"的概念作为其理论的基本要素[4]。他通过分析"电场"与"磁场"的关系阐明其思想，并回顾所有使他得出以下基本结论的经验。

变化的磁场同时有电场相伴，变化的电场同时有磁场相伴（第

---

1 Parrochia (D.), *Les Grandes Révolutions scientifiques du XXe siècle*, Paris, puf, 1997.p. 65.（原作注）
2 玛丽-安托瓦内特·托内拉（Marie-Antoinette Tonnelat，1912年5月5日—1980年12月3日），法国理论物理学家。（译者注）
3 我们后面有机会从心理学和教育学的视角探讨"场"概念。（原作注）
4 对于不太习惯科学语言的读者，我们建议阅读第三章《场与相对性》。爱因斯坦在此章中用清晰简洁的方式，阐述了他的基本思想，而不了解这点，便不能理解其理论。（原作注）

061

157页)。在第165页,爱因斯坦明确指出:

> 场的研究与资源的现实无涉(如果不是从场的迁移角度看)。一般来说(也包括简单描述),传统物理学家致力于"体"(corps)的研究,"体"即物体,而场的研究致力于穿越物体之事物的研究。

关于场规律的数量的或数学的描述,在麦克斯韦方程组(équations de Maxwell)中有所概述。"它们标志着自牛顿时代以来物理学中最重要的事件"(见前书第159页)[1]。从数学方面看,这一方程组在洛伦兹(Lorentz)变换[2]中保持不变(见附录)。由此得出这些结果,并被经验,特别是1919年的日全食所验证。这次日全食见证了爱因斯坦理论所预言的太阳周边光线的弯曲现象。这也可以理解,当宇宙中的粒子速度接近于光速(光速是所有粒子移动的限值)时,时间和空间都会发生变异。(见附录中的计算公式)

爱因斯坦在其著作的一章中对场的概念进行了概述[3],我们不应对其概述进行哪怕是最微小的修正。

---

1 在 M. A. Buhl 著作的第2卷第189页,可以看到麦克斯韦方程组的构成。(非数学专业者可不读!)(原作注)

2 亨德里克·安东·洛伦兹(Hendrik Antoon Lorentz,1853年7月18日—1928年2月4日),荷兰物理学家。洛伦兹变换(transformation de Lorentz)是观测者在不同惯性参照系之间对物理量进行测量时所遵循的转换关系,在数学上表现为一套方程组。洛伦兹变换最初用来调和19世纪建立起来的经典电动力学同牛顿力学之间的矛盾,后来成为狭义相对论中的基本方程组。

3 Einstein, Infeld, *L'évolution des idées en physique*, pp. 266-268.(原作注)

第六章　两个基础科学革命（一）

概述如下：

一个新概念出现在物理学中，这是自牛顿时代以来最重要的发现——场。需要强大的科学想象力来构建这个既不是负荷，又不是粒子，而是在负荷与粒子之空间的场。它对于物理现象的描述是基本的。这个场的概念极其丰富，并使麦克斯韦方程组得以形成。麦克斯韦方程组描述了电-磁场的结构，不仅支配着电子现象，还支配着光学现象。

相对论源自于场的问题。先前理论的矛盾与不合逻辑，使我们不得不把新的属性置于时间与空间的连续体之上，这是我们物理学界全部事件的场景。

相对论的发展经历了两个阶段。第一阶段形成了狭义相对论，它只能应用于惯性坐标系，就是说在由牛顿创立的惯性定律的系统中有效。狭义相对论建立在这样两个基本假设之上：物理定律在一些物体相对于其他物体的单一运动中的所有坐标系统都是同一的；光的速度总是同值。这些假设已完全被经验所证实，并演变成尺度与时钟运动的属性，前者的长度和后者的节律随速度而变化。相对论改变了力学定律。当一颗粒子的速度接近于光速时，先前的定律便不再有效。对于一个运动体的新定律，正如相对论所构建的定律，已经被经验轰动般地证实。（狭义）相对论的另一结果便是质量与能量的联系。质量是能量，能量也有质量。两个存储定律合而为一，即质量-能量存储定律。

广义相对论更加深刻地分析了空间-时间的连续。理论的有效性不再限于惯性坐标系统。它开始质疑万有引力问题，并创建引力场结构的新定律。它迫使我们分析几何学在描述物理世界中的作用。它认为受重质量和惯性质量的相等性是最基本的，而不是传统力学所认为的纯粹偶然。广义相对论的经验结果与传统力学理论的结果相差无几。这些结果经得起可能实施比较的任何之处的经验检验。特别是这一理论的力量存在于其内部的协调及其基本假设的简洁。

相对论坚持物理学中场概念的重要性。但我们尚未成功地构建起一种仅仅建立在场的概念上的物理学。当前，我们不得不假设两种现实的存在：场与物质。

2. 与场的概念相关而产生的心理学与教育学观点

——"场"的科学概念：它源自于描述场结构的麦克斯韦方程组。爱因斯坦说，这个方程组标志着：

> 自牛顿时代以来物理学上最重要的事件，不仅在于其内容的丰富，还因为它们构建了新型的定律模式……在麦克斯韦理论中，如果我们在某一时刻认识了场，就可以根据这一理论的方程组大概推导出全部场如何在空间和时间中变异……在麦克斯韦理论中，没有物质的作用者……场在此地此时依赖于直接邻近的、

第六章　两个基础科学革命（一）

先前直接瞬间的场。[1]

正如场的变异产生出场的新状态，我们面对一种极其特殊的动态时，需要对其进行"小步伐"的分析，因为一切都互相依赖。一项数学研究显示，麦克斯韦方程组标志着一种不变的变换，其结构属性由此得出。

——心理学家因此采用此模式：

> 场的概念被库尔特·勒温（Kurt Lewin）[2]用来表示一个人或一个团体在一定时间内实施行为的全部事件：心理变量（需求、动机、目的、思想、感知等）；另一方面，社会的、生物的变量，以及其他身体变量……场的理论设定，行为由场整体中力量的分布所决定，只有改变另外一种行为才能使这一行为变得不稳定。[3]

——人们可以看到，当前所有关于现实主体、"环境中"主体的研究，都源于场的模式。亨利·瓦隆指出了何为儿童发展的观察者在其与环境的关系中的辩证关系。在此意义上，应当解释其论证："为了认识儿童，当了解其存在条件。"知识的宏大与丰富，以及优秀或不良的结构，都与主体经历的环境相关。

1　Einstein, Infeld, *L'évolution des idées en physique*.（原作注）
2　库尔特·勒温（Kurt Lewin，1890年9月9日—1947年2月12日），德裔美国心理学家。（译者注）
3　Art. «Théorie du champ», *in* Doron-Parot, *Dictionnaire de psychologie*.（原作注）

```
教育机构与环境              知识来源
┌──────────┐           ┌──────────┐
│  家庭     │──────────▶│ 生活知识  │
│ 周边社区  │           │ 职业经验  │
└──────────┘           └──────────┘
                       ┌──────────┐
┌──────────┐           │ 知识整体：│
│ 教育机构  │           │ —学校的   │
│          │           │ —学术的   │
│ 广义的社区│           │ —技术的   │
└──────────┘           │ —职业的   │
                       │ —经济的   │
                       │ —宗教的…… │
┌──────────┐           └──────────┘
│ 技术培训  │           ┌──────────┐
│ 工作环境中│           │ 工作环境：│
│ 的职业培训│           │ —技术方面的│
└──────────┘           │ —人文方面的│
                       │ —工会生活 │
┌──────────┐           └──────────┘
│ 继续教育  │           ┌──────────┐
│ 社会生活  │           │ 个人知识  │
└──────────┘           └──────────┘
```

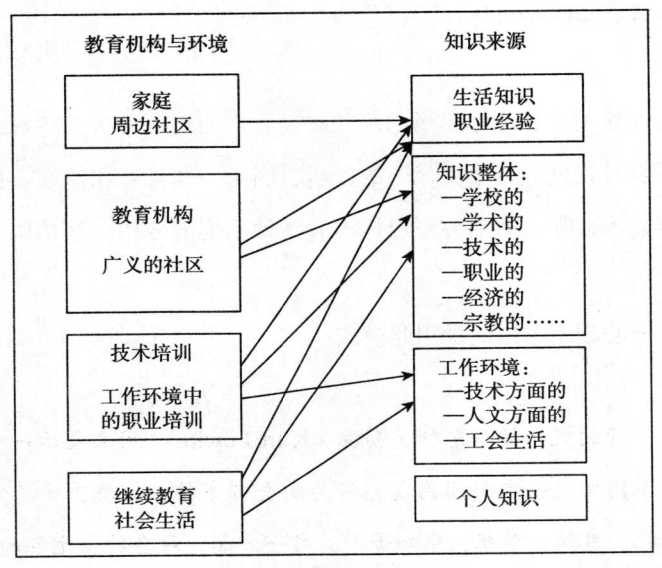

图 1

——如果有一点胆量的话，人们还可以把比较再推进一步。人们知道，在爱因斯坦的理论中，空间并非同质，它因处于其间物体的质量而发生"弯曲"。难道人们看不到，在一个团组中，由于组成人员的某些特点而发生类似的状况吗？这个人或那个人的出现，带着其个性、社会地位、社会政治经验……给团组的生活和发展带来某些引导。一个具有某些人员的团组生活，由于其中政治领导人、大作家、大主教或大开发商的介入，会朝不同方向发展。人们在同类的一群人和几个人的"丰富心理学资源"之间难道不会看到类似的状况吗？因为，其丰富足以"改变心理空间，即心理场的曲度"。好学生或"专横的人"，带领或拖后班级的进步。这样或那样著名教师的出现，会给班级-

第六章 两个基础科学革命（一）

小组增添色彩。在这里，难道不可以说，心理场的弯曲源于其构成人员？应用与定性运用爱因斯坦的场的概念，在我们看来并不是谵妄的主意。当然，这还需要深度挖掘。

——教育科学研究不能满足于研究这一对（师生）关系，或孤立于生活，即脱离环境条件的班组。在这里，我们不强调需要严格区分地域、环境、背景等概念之间的细微差异。基本思想是，我们要在不断变革的场本身之中随之而变，我们所有的行为只能在场的相关关系中被分析和解释，而场的无数因素有历史的、地理的、经济的、政治的、技术的、社会的、财政的、心理的、教育的，等等方面。在每一刻，"场在此时此地依赖于直接邻近的、先前直接瞬间的场"。难道这不是在班级里或在教育过程中经常发生的事情吗？我们再来看现代物理学的立场。我们所说的教育科学研究，基本上是对于不断变化的动态过程的研究。其中的分析方法，不再是机械论的方法，而是概率论的方法。

——再深入一步，人们发现所有工作都放在环境的重要性之上，并容易看到苏联研究者［米丘林（Mitchourine）[1]和李森科（Lyssenko）[2]］关于主体与环境相互依存的观点，看到勒内·扎佐关于双胞胎的研究及亨利·瓦隆的观点："儿童生活在生物的无意识和社会的无意识这两种无意识之间。"

1　伊凡·米丘林（Ivan Mitchourine，1855年10月27日—1935年6月7日），苏联园艺学家。（译者注）

2　特罗菲姆·李森科（Trofim Lyssenko，1898年9月29日—1976年11月20日）苏联生物学家、农学家、乌克兰人。（译者注）

3. "空间-时间"的概念

从初中时起,所有学生开始学习应用"笛卡尔坐标",以便在平面图上确定 P 点(见第五章),而且还要学习利用三维坐标确定空间某点的位置。为此,我们按照欧几里得的步骤从以下证明开始:平面图具有两维(长度与宽度),空间则有三维:前两者加上高度。这一经典欧几里得几何学的发展并非没有遇到逻辑障碍。帕斯卡尔在年轻时已经遇到所谓欧几里德公设的障碍:"因此在由一条直线和一点构成的平面图上,在直线之外的某一点上,人们只能划出与直线平行的线。"之后,可以应用的基本属性便是:三角形三角之和等于两直角。

数学家转而去寻找"非欧几里得几何学",以便重新构建逻辑上更严谨的学说。于是,先有罗巴切夫斯基(Lobatchevski)[1]、高斯(Gauss)[2],后有希尔伯特(Hilbert)[3]参与了此项工作,开辟了布尔巴基(Bourbaki)[4]团队的前进之路。"非欧几里得几何学"由于黎曼

---

1 尼古拉·伊万诺维奇·罗巴切夫斯基(Nikolaï Ivanovitch Lobatchevski,1792年12月1日—1856年2月24日),俄国数学家,非欧几里得几何学的早期发现人之一。(译者注)

2 卡尔·弗里德里希·高斯(Carl Friedrich Gauss,1777年4月30日—1855年2月23日),德国数学家、物理学家、天文学家。(译者注)

3 大卫·希尔伯特(David Hilbert,1862年1月23日—1943年2月14日),德国数学家。(译者注)

4 尼古拉·布尔巴基(Nicolas Bourbaki)是20世纪一群法国数学家的笔名。他们自1935年开始撰写一系列关于现代高等数学的书籍。布尔巴基是个虚构的人物,布尔巴基团体的正式称呼是"尼古拉·布尔巴基合作者协会",曾在巴黎的高等师范学校设有办公室。(译者注)

（Riemann）[1]的工作及其表面曲线理论而出现转折。下图明确显示，在球体表面，三角形三角之和可以等于三个直角。

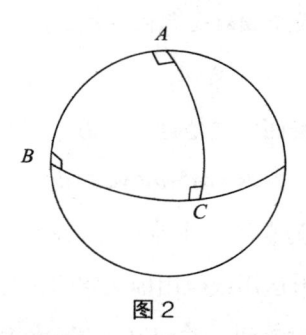

图2

球体三角形 ABC 有三个直角

在所有情况下（见第五章），三个数据便足以确定一个位置。对于空间中的一点，人们的经典公式如下：

$$ds^2 = dx^2 + dy^2 + dz^2$$

闵可夫斯基（Minkowski）[2]吸收爱因斯坦的思想，于1907年提出了一个基础数据，即"空间－时间"：

> 我们被以一种物体及其运动的方式看待的物理空间，具有三个维度，空间的位置由三个数字标示。一个波的瞬间由第四个数字标示。四个数字相应地确定每一个波，或者说一个确定

1　波恩哈德·黎曼（Bernhard Riemann，1826年9月17日—1866年7月20日）德国数学家，黎曼几何学创始人。（译者注）
2　赫尔曼·闵可夫斯基（Hermann Minkowski，1864年6月22日—1909年1月12日），德国数学家，犹太人，四维时空理论的创立者，曾经是著名物理学家爱因斯坦的老师。（译者注）

的波对应于四个数字。因此，波的世界构成一个四维连续体（continuum），其中毫无神秘可言，这个最新的命题无论对于经典物理学还是对于相对论都同样成立。[1]

因此，人们可以推而广之地这样写道：
$$ds^2 = dx^2 + dy^2 + dz^2 + dt^2$$

这样简单的表面掩盖了一个难以分析的概念[2]，因此不涉及在教育科学中遇到的问题上运用或应用确定空间-时间的公式。根据计划，我们尝试了解在关于对空间-时间这一革命性概念的思考中可以产生何种思考、何种假设。

当然，在我们的科学研究工作中，我们并未充分地运用关于时间的变量。在日常生活中，凭着一种直觉，我们常常对时间变量有所重视。很明显，这里不涉及空间-时间概念，而只是简单的事实认知，时间是我们教育学和心理学研究中的变量之一。例如，一切学习现象都是极好的证明。我们运用教育领域诸多实例中的研究成果，从多个方面探讨教育中的时间问题。

4. 科学研究中，特别是教育科学研究中的"时间"变量

少有严谨的研究致力于这一困难问题。然而，"时间"却是在所有关于教育的研究中最重要的变量。相对论提醒我们，所有波都已被

1　Einstein, Infeld, *L'évolution des idées en physique*, p. 228.（原作注）
2　大家可以在帕洛查著作的第 125 页看到关于空间-时间更为通过也更为复杂的公式，另外也可以阅读原书第 70 页及后面"闵可夫斯基的空间-时间"一章。为获得所有这些方面的中肯解释，需要了解如何运用张量计算。（原作注）

第六章 两个基础科学革命（一）

标志时间，并与其他变量构成四维连续的整体（见以上爱因斯坦的引文）。正如我们将要看到的，对结果的全部解释，均不能忽视这一点。为了简化表述，我们从简单、具体的事例开始。

第一种情况：时间是一个简单变量，明确标志在事先确定的时间轴上。最简单不过的情况是所有小学生都知道的：一辆汽车根据公式 $e=vt$ 做匀速运动。

第二种情况：人们从规定为 t_0 时刻的情况向规定为 t_1 时刻的情况过渡。当试验作用于物质时，问题并不难解决，只是假设在 t_0 与 t_1 的时间段内，物质没有转变。但当涉及人类或活生生的人群时，情况则有所不同。在 t_0 与 t_1 的时间之间，主体、人群会"变老"，也就是说他们有所经历，因此他们会获得新知识，或积累新经验。如果不能认识在研究的第一阶段所引入的"不易消除的"（résiduel）因素，对经验之初和经验之后两种情况的比较，便不可能得到正确解释。由此有必要区分两种情况：

——有人实测两份相同的评估试卷。第二份试卷的结果被严重扭曲，因为答题者知道评估试卷的内容，而人们绝不了解这个答题者记住了第一份试卷的内容，且并未在试卷上留下答题者的任何心理痕迹。因为 t_1 时间的评估结果包含着答题者的经验积累，在 t_1 与 t_0 之间所实施的教育行为，每个答题者的个人经验，每个答题者相对于记忆可能性的个人特点，都使得对结果的解释变得棘手。

——人们实测两份不同的试卷。关于评估的侧重点，两份评估试卷是否有极大的相似性？当两份试卷应用于验证组，结果的相关性如何？对结果的解释依赖于对计量学和临床学特点的深入认识。

——在以上提到的两个实例中,研究目标是认识与分析每个答题者状况在 t_0 与 t_1 时间段内的差异。

例如:

1. 研究学生与培训者在两个不同的教育中心的培训之中教学态度的变化。

上面提到的困难可以在下面的实验中被排除,即只用一份最终试卷(两组被测试人员用相同试卷),在教师之间和在接受培训的学生之间没有任何关系。

考试采用冈城大学教育心理实验室设计的问卷[1](见附录77)。问卷按照5个基本方面(因素)来整体设计。

表1　因素的内涵

设定的因素	反值	正值
F1 教育的一般态度	传统主义、权威主义	偏重学生、自由主义
F2 想象的教育行为模式	抽象行为、形式语言	遵从学生熟悉经验的具体教学法
F3 面对知识的教育者	崇尚知识:学者代表最高价值	教育者注重与学生接触,注重与学生的关系
F4 教育者在答题者心目中的形象	传统的	现代的
F5 学生在问卷应答者心中的形象	学生被认为是弱小者,无自主能力,需要给与一切	学生已经具备一定知识、经验、发展的可能性

---

[1] Mialaret (G.), *Recherches sur les modifications d'attitudes pédagogiques des éducateurs*.(原作注)

第六章　两个基础科学革命（一）

将这些因素量化后，我们可以得到以下表与图：

表2

		I	Σ(DD+AA)	F1	F2	F3	F4	F5
学校 A	11月	6.57	17.81	32.52	46.94	7.15	6.86	13.43
	6月	5.96	17.18	38	51.12	12.04	6.63	18.32
学校 B	第一年	8.52	21.89	53.13	63.04	44.73	14.42	33.03
	第二年	3.46	24.63	52.20	63.12	43.18	4.56	34.16

经过一年的培训，针对两个测试组（一个在达喀尔，一个在巴黎）分别得出以下曲线：

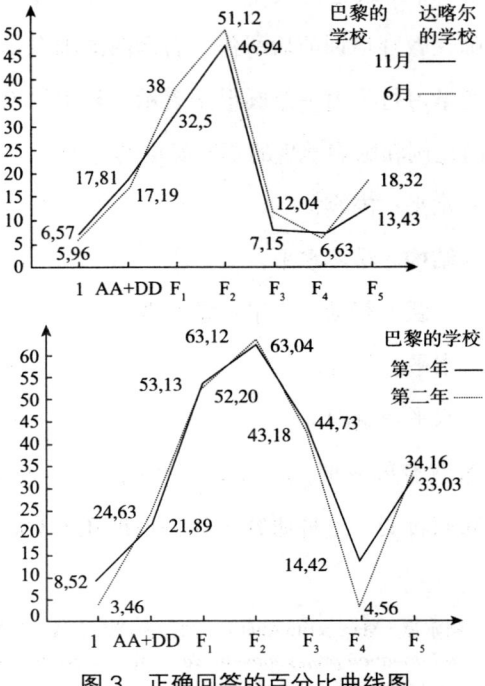

图3　正确回答的百分比曲线图

对于每一因素，我们都有可能计算其平均值和类型差。因此，应答者的结果可以在类型差的个人曲线上表示，也可以进行应答者之间的比较。曲线表示出一年之中小组的整体平均变化。

2. 第二个实例与新情况：人们试图评估"时间"变量，目的是（例如）确定这样或那样行为的最佳时间。

玛格丽特·阿尔黛（Marguerite Altet）[1]的一种关于教师培训的研究有益于进行这项工作。当一种教育状况下的参与者行为的观察表确定之后，开始运用不同观察行为持续时间的测量系统，玛格丽特·阿尔黛获得了观察一个班级运行状况的非常有意义的图表[2]。以下页两图为同一实习教师在教育培训前后所作，右侧两图则在描述一个学生的行为。学习者的学习行为由一个圆形图表示，其中指出教师的不同类型的教育功能的比例和影响学生的不同类型的行为：

——信息 - 水平：内容；

——组织 - 结构。学习水平；

——激发 - 活跃 - 行动。水平：学习者；

——评估。水平：任务；

——调节。水平：氛围。

在此类"教育空间 - 时间"中，"空间"（一些人与另一些人的行为）因时间而转变。这种研究工作将根据在 t_0（培训行为之前）

---

[1] 玛格丽特·阿尔黛（Marguerite Altet），法国南特大学教育学教授。（译者注）

[2] Altet (M.), *La Formation professionnelle des enseignants. Analyse des pratiques et situations pédagogiques.*（原作注）

与 t_1（培训行为之后）之间的时间内的状况而延伸。我们按照阿尔黛的工作方法实施观察计划。这样的研究旨在确定最佳时间，以便获得最适应现实环境的（既是对于个人也是对于集体）最佳教育行为的曲线图。（还需要建立对于个人和对于集体的理想曲线图！）通常，人们武断地限定教育培训的时间（为什么是一年？为什么是两年？为什么是六个月？）。新科学精神不仅为我们指出了获得最有效成果的途径，还告诉我们获得教师培训的教育行为的有效性的途径。

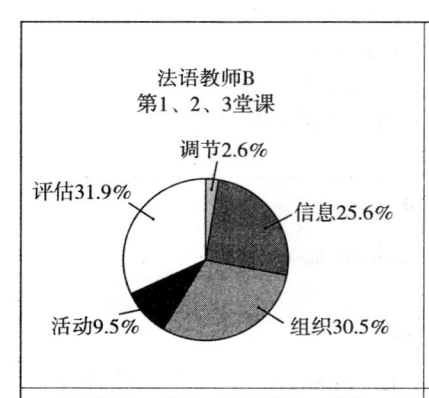

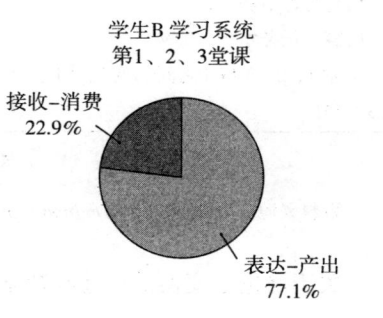

法语教师B 第1、2、3堂课 调节2.6% 评估31.9% 信息25.6% 活动9.5% 组织30.5%	学生B 学习系统 第1、2、3堂课 接收–消费 22.9% 表达–产出 77.1%
主导特点：信息/评估功能，内容–任务水平，56% 可变性：χ^2 值 =16.31115 提问法 激发/调节功能， 学习者–氛围水平，12% 可变性：χ^2 值 =6.625241 组织功能， 水平状况，30%	稳定性：χ^2 值 = 4.315713 χ^2 值中的 2 表示 2 个自由等级 阈值 $P.05$ =5.93 主导特点：学习系统 接收–消费 可变性：χ^2 值 = 33.71722 系统 表达–产出 1/4

在接受辩证过程培训之后	
法语教师B 第4堂课 调节21.4%　信息14.3% 组织7.1% 评估8.6% 活动48.6%	学生B 学习系统 第4堂课 接收–消费 33.9% 表达–产出 66.1%
主导特点：活动/调节功能， 学习水平，70% 激发与个性化方法 信息与评估功能， 内容–任务水平，23% 课堂1、2、3与4之间的变化χ^2值=23.17571	χ^2值表示自由的8个等级 阈值 $P.05=15.51$ 主导特点：学习系统 表达与产出 活动变化 χ^2值 $=65.2473$ 表示 $P.05=5.99$

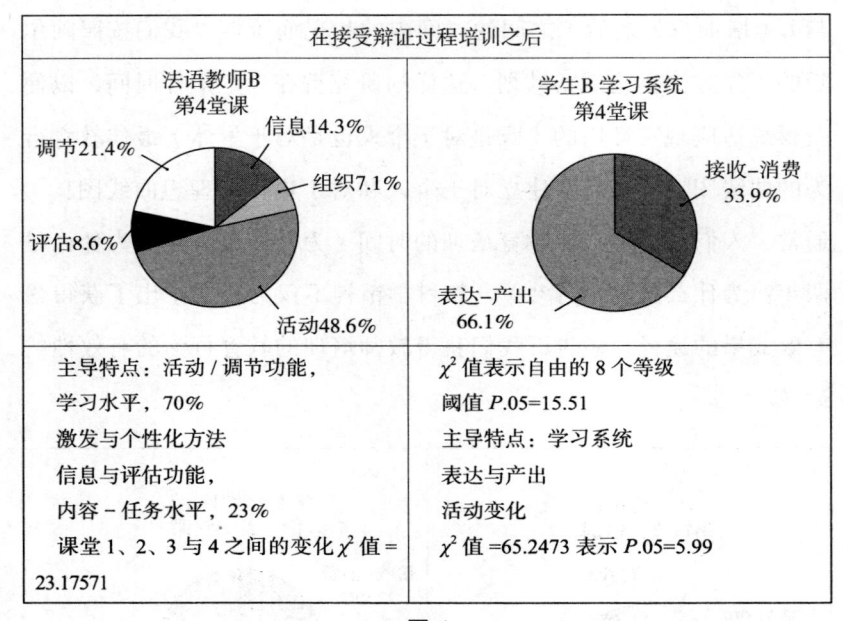

图 4

资料来源：M. Altet, *La formation professionnelle des enseignants*.

关于洛伦兹变换的评述与数学补编[1]

3. 洛伦兹变换（transformation de Lorentz）——重提达朗贝尔（D'Alembert）[2]已经构建的方程（第2章，第19节）

$$(21)\ \frac{\partial^2 \psi}{\partial x^2}+\frac{\partial^2 \psi}{\partial y^2}+\frac{\partial^2 \psi}{\partial z^2}-\frac{1}{c^2}\frac{\partial^2 \psi}{\partial t^2}=0.$$

我们已经看到这是光波理论的基础方程，至少在涉及以为名

---

[1] 摘自 M. A. Buhl 关于洛伦兹变换的著作。（原作注）
[2] 让·勒隆·达朗贝尔（Jean le Rond d'Alembert, 1717年11月16日—1783年10月29日），法国物理学家、数学家和天文学家。（译者注）

第六章 两个基础科学革命（一）

惠更斯（Huyghens）[1]和菲涅耳（Fresnel）[2]的光波理论时是这样。如果将 $\iota = ict$，以及 $\iota^2 = -1$，这一（21）方程便呈现出拉普拉斯算符[3]形式，

$$(22)\quad \frac{\partial^2 \psi}{\partial x^2} + \frac{\partial^2 \psi}{\partial y^2} + \frac{\partial^2 \psi}{\partial z^2} + \frac{\partial^2 \psi}{\partial l^2} = 0$$

并可以转变成正交直线变换中的无限量，也就是前一节所研究的变换。尽管物理空间保存着光现象的波的传播，这一研究预见到了物理空间的诸多变换的可能性。但为了获得更重要的结果，根本不需要这样泛泛而论。

矩形轴线的简单旋转

$x' = x\cos\theta - l\sin\theta$，

$l' = x\sin\theta + l\cos\theta$

可使

$$\frac{\partial^2 \psi}{\partial x^2} + \frac{\partial^2 \psi}{\partial l^2} = \frac{\partial^2 \psi}{\partial x'^2} + \frac{\partial^2 \psi}{\partial l'^2},$$

这也可以直接得到以下等式

$v = ic\tan\theta$，　　$l = ict$，　　$l' = ict'$，

并得出这样的变换

$$(23)\quad x' = \frac{x - vt}{\sqrt{1 - \dfrac{v^2}{c^2}}},\quad y' = y,\quad z' = z,\quad t' = \frac{t - \dfrac{v}{c^2}x}{\sqrt{1 - \dfrac{v^2}{c^2}}},$$

---

[1] 克里斯蒂安·惠更斯（Christiaan Huygens，1629年4月14日—1695年7月8日），荷兰物理学家、天文学家和数学家。（译者注）

[2] 奥古斯丁·菲涅耳（Augustin Fresnel，1788年5月10日—1827年7月14日），法国物理学家，波动光学理论的主要奠基者之一。（译者注）

[3] 拉普拉斯算符（laplacienne）：在数学及物理学中，这是由欧几里得空间中的一个函数的梯度的散度给出的微分算符。（译者注）

将方程（21）变形为

$$(24) \quad \frac{\partial^2 \psi}{\partial x'^2} + \frac{\partial^2 \psi}{\partial y'^2} + \frac{\partial^2 \psi}{\partial z'^2} - \frac{1}{c^2}\frac{\partial^2 \psi}{\partial t'^2} = 0.$$

换句话说，方程（21）因（23）变换而不变。这个（23）变换便是洛伦兹变换。

相当于公式（23）的 A 和 A' 两个观察者被切实分开，其一用坐标系 x、y、z、t，另一用坐标系 x'、y'、z'、t'。但涉及光的传播或关于电磁波的传播时，他们具有完全相同的概念，因为 A 运用方程（21），A' 运用方程（24）说明其概念。

公式（23）源于称为"洛伦兹－爱因斯坦－闵可夫斯基"的运动学。

在这些公式中，人们首先看到，既然 c 表示速度（光速），还需要 v 表示速度，以便构成 v 相关：c 便是抽象数 1 的可削减平方的抽象数。所有速度 v 应当低于光速，否则公式（23）便失去真实意义。

如果首先假设 v 相对于 c 可以忽略，公式（23）便成为 $x'=x-vt$ 和 $t'=t$，从而带来均等的平移。人们可以接受，变换对于 v 来说，也是一种沿着 Ox 的平移，这种平移还需要确定性。为简化公式，我们提出

$$\frac{1}{\beta} = \sqrt{1 - \frac{v^2}{c^2}};$$

以便构建平移的公式（23），

$$(25) \begin{cases} x'=\beta(x-vt), & y'=y, \quad z'=z, \quad t'=\beta\left(t-\frac{v}{c^2}x\right); \\ x=\beta(x'+vt'), & y=y', \quad z=z', \quad t=\beta\left(t'+\frac{v}{c^2}x'\right). \end{cases}$$

观察者 A' 在 Ox 上看到 x'_1-x'_2 段，对于观察者 A 即是 x_1-x_2 段。于是

$$x'_1=\beta(x_1-vt), \quad x'_2=\beta(x_2-vt);$$

来等于

$$x'_1-x'_2=\beta(x_1-x_2).$$

如果 λ 对于 A 是这一段的长度，那么 λ' 便是对于 A' 这一段的长度，因此

$$(26) \quad \lambda=\lambda'\sqrt{1-\frac{v^2}{c^2}}.$$

这便是洛伦兹收缩，它赋予了观察者看到的运动中的段，而观察者并未在运动之中。

现在，对于观察者 A'，只有一点处于横坐标 x'，这个 A' 看到 t'_1 与 t'_2 之间的瞬间。公式（25）便可变形为

$$t_1=\beta\left(t'_1+\frac{v}{c^2}x'\right), \quad t_2=\beta\left(t'_2+\frac{v}{c^2}x'\right);$$

其来源为

$$t_1-t_2=\beta(t'_1-t'_2)$$

由于这些公式，人们可以根据速度确定时间与空间的值：

更确切地说，l、t、m 分别表示物体在其自身标志中（看起来静止）的长度、时长、质量，而当这一物体以 v 速移动时，这些量在另外的标志中便成为 L、T、M：

$$L=\frac{l}{\beta}, \quad T=\beta T, \quad M=\beta m, \quad \beta=\frac{l'}{\sqrt{l-\frac{v^2}{c^2}}}$$

v 是物体移动的速度，c 是光的速度。我们容易看到人类感知范围的速度（200 或 300 千米/小时），分数 v^2/c^2 实际上等于 0（c=300 000 千米/秒）。因此，$β$=1 和 L=1，T=t，M=m，我们重新找到了地球物理的法则。相反，它们假设空间与时间的变形作用于现实存在，物体在光速的量级速度中变化。对于爱因斯坦，这些变形并非简单的假想：它们表现出同可测量的参照系统中的长度与时间基本的相对性。它们敲响了绝对空间与绝对时间的丧钟，同时埋葬了在《数学原理》（Principia）[1]中确定的牛顿现实主义的定义。而康德的置换（transposition）奠定了我们表述的基本框架[2]。

帕洛查的引文（73—74 页）：

> 在 20 世纪，很少有哲学家明白洛伦兹为了一个新的绝对概念而建立的二次方程，一个被变换远远地抛在后面的绝对，和经典哲学中固定论的绝对，还有历史的现代哲学中的或纯差异的当代哲学的动态的、不定的绝对……相对论是绝对的学说……我们想到……大部分 20 世纪的哲学家都没有读过洛伦兹的公式，直

1　《数学原理》（Principia Mathematica）是由英国哲学家、数学家伯特兰·罗素（Bertrand Russell, 1872 年 5 月 18 日—1970 年 2 月 2 日）与他的老师——英国数学家、哲学家阿尔弗雷德·诺思·怀特黑德（Alfred North Whitehead, 1861 年 2 月 15 日—1947 年 12 月 30 日）合著的一本数学著作，著作共分三卷，分别出版于 1910 年、1912 年和 1913 年。（译者注）

2　巴舍拉的引文："在限制速度概念的作用的同时，伽利略建立了**现代力学**。在发挥光速的理论作用时，相对论确立了其第一原理"（Bachelard (G.) *Le Nouvel Esprit scientifique*, p. 51）。（原作注）

至现在也没能从爱因斯坦思想的全部结果中获得启发。而恰恰是这些思想（其中包含人文思想）提前赋予了变换系统的思想方法，并在此过程中形成一定不变的形式。而人们曾经长时间地在固定论的脱离时间的绝对与历史中异化的绝对之间徘徊。此后，人们接受了第三种可能性：变换中不变的存在。遗憾的是，语言学结构主义在完全无视物理思想中兴起文学启示运动，局限于最基础的数学化，没有从爱因斯坦的发现中获取任何有益的东西。在这里，20世纪的历史错过了一次伟大聚会。由于未能想到信息与时间的变换，结构主义者也未能理解他们曾经探讨的形式与时间的综合。他们仅仅运用僵死的结构（基本是有限的群），在历史的诸多偶然中，陷入表面上官僚主义的完全无信任之中。

光速

根据现代物理学理论，特别是麦克斯韦方程组，可见光，甚至是更为普遍的电磁光在真空中具有不变的速度，这个速度被称为光速（*vitesse de la lumière*）。

这是基本的物理学恒量，用 c（拉丁语：*celeritas*，速度）表示。它不仅在（分别是宇宙学强或弱的原理定义的）宇宙中的任何地方（任何时期）都是不变的，同时还是相对于其他的惯性标志（有限等量原理）。换句话说，无论观察者的惯性参照标志为何，或发光物体的速度为何，所有观察者得到的都是相同的测量结果。

真空中的光速用 c 标志（自1975年要求获取精准数值，1983年

的准确数值得以确定):

$$c=299\,792\,458 \text{米}/\text{秒}$$

阿尔伯特·爱因斯坦(Albert Einstein, 1879—1955)

"人们知道,爱因斯坦在1905年(26岁时)因发表震动物理学界的5篇文章而闻名。最重要的文章:首先是关于光的量子化,即量子理论的源泉;其后是狭义相对论的奠基文章,用相对论的原理将力学与麦克斯韦的电磁学统一起来;再后是信后附言里的文章,论证了质量与能量的等量关系($E=mc^2$)。在继续与拓展(广义相对论)这一思想的过程中,爱因斯坦做出结论,认为唯一真实的是独立于观察者的(空间-时间)四维空间的重合"。

——摘自 D. Lecourt, *Dictionnaire d'histoire et philosophie des sciences*

第七章　两个基础科学革命（二）

量子论

一个习惯于把学校学科与科学学科区分开来的读者，可以在一本讲述教育科学的书中惊奇地看到关于马克斯·普朗克（Max Planck）[1,2]量子论的一章。爱因斯坦毫不犹豫地对此加以肯定[3]，而且不计其数的例证被提及。这里并不涉及将量子论应用于人文科学和教育科学之中，但它启发我们思考运用新的科学范式和新的假设。为了理解量子理论，需要通过数学进行长途迂回，但这不属于我们的计划。

"似乎量子论诞生一个世纪之后和经过几十年的大量应用，我们

1　马克斯·普朗克（Max Planck，1858—1947）（原作注）

2　马克斯·普朗克（Max Planck，1858年4月23日—1947年10月4日），德国物理学家、量子力学创始人，20世纪最重要的物理学家之一，因发现能量量子而对物理学的发展做出了重要贡献，并在1918年获得诺贝尔物理学奖。（译者注）

3　"在物理学上，经常由于在不同现象之间所建立的密切相似性而出现一种重大进展，但表面上这些不同现象之间无任何联系。我们经常看到在一个科学分支中创立与发展的思想，随即如何在另一分支中获得成功"。（Einstein, Infeld, *L'évolution des idées en physique*, p. 291.）（原作注）

才开始理解它。"

——勒古特,《科学历史与哲学辞典》,"量子"词条

1. 对马克斯·普朗克理论或量子论的简要回顾

马克斯·普朗克于1900年提出其理论,随即它被认为是一种颠覆性的理论。最初,人们对它的态度并不认真:"量子物理学,便是一个盲人在一间黑屋子里找一只不存在的黑猫。"作为一种更严肃、更中肯的说法,尼尔斯·玻尔明确指出,"任何被量子力学震惊的人都不能理解它。"需要指出的是,这一理论出现于非常动荡的年代,在此期间物理学面临诸多无法解释的问题:光电效应、以太问题、波的问题、粒子运动问题、光的结构(波或粒子运动)问题……经典物理学不能对所有这些在技术进步可以无限小和无限大开发的时机中出现的所有问题,给予满意的回答。人们仍旧生活在连续性[1]的范式之中,而马克斯·普朗克宣示了一个革命性的思想。1899年,他指出如何走出这条死胡同,全面脱离传统概念框架,做出物质与光线之间能量转换断续性(discontinuité)的大胆假设。这种在能量的量子形式下的离散,源于对这一理论名称的最初构思。缩减为基本线条的基础思想是,物质与光线之间的能量转换并非具有规律性与连续性,而是被称为量子的断续的量或包(paquet)。量子物理学引入了断续性概念。这一切都是在亚原子的粒子被发现之后,在光

---

[1] "大自然不会跳跃。"(莱布尼茨语)(原作注)

速被测量之后，在物理学家提出基础问题而经典力学不能予以满意答复之后。难道是涉及粒子运动？不是。是涉及波？也不是。那么涉及何物呢？量子理论给予所有这些问题中肯的解答……甚至还有另外的意义[1]。

但它对于科学仍然提出了基本问题：决定论问题。当普朗克提出量子理论，人们有些过于迅速地相信决定论的概念消亡了，一种对于量子论的错误解释使人们相信，亚原子的粒子完全自由。由此，决定论的概念开始消亡，而且如此迅速。正如人们在科学史上经常证实的那样，一个新的理论不能抹杀之前的所有理论，而是新的融合，是对尚未解决的科学难题的新解释。并非决定论的概念应当消失，而是人们原有的牛顿机械主义的决定论概念把人们带入这样一个单一公式：同一原因总是产生同一结果。我们重申，为了清晰表明我们的立场，对于我们来说，决定论是这样一种概念：自然界的所有现象，包括人

---

[1] 爱因斯坦的简短引文清楚地解释了连续功能与断续功能之间的差异："煤矿开采可以以连续的方式发生转变。采掘的煤炭数量可以采用任意小的等级减少或增长，但雇用矿工的数量只能以断续的方式变化。这可能是一个纯粹无意义的话语——自昨日起，矿工的数量增长了3.783。"

另外，爱因斯坦在1905年的一篇文章中将"光电效应"近乎悖论地解释为作为原子的电子由于光能的量子而喷发。稍后（1912年）他进一步提出基本思想，即离散无关单纯的能量转换，而标志着由后来命名为"光子（photons）"的量子构成的电磁场的固有性质。自1907年，爱因斯坦进一步指出，为何晶体振动的量化可以解释直至那时尚无法理解的、低温状态下固体的特殊热的实验结果。量子统计物理学由此诞生。我们应当坚持经常被忽视的事实依据，量子明显起因于（黑体热力学和固体热力学）两个宏观问题，清楚地表明这一理论的使命绝不限于原子层次（勒古特，《科学历史与哲学辞典》，第785页）。量子理论被引入物理学，使波在物质基本量子和显示其存在的辐射现象领域中的表面上断续和统计的特征得以恰当解释。（原作注）

类和社会现象，是由科学正在努力认识的规律所决定的。克劳德·伯尔纳明确指出："经验批判总是怀疑一切，但不包括科学决定论的原理。"[1] 克劳德·伯尔纳曾经引入生物决定论的概念，卡尔·马克思[2]也曾经引入历史辩证决定论的概念，我们在此无意分析这些变化。我们已经在第四章回顾了保罗·朗之万关于这一主题的立场。

与量子论同时，我们发现第四章所提出的基本问题，便是统计思想问题。爱因斯坦本人这样坚持：

"一系列经验的探讨诞生了一个新思想，在一个讨论的群体中，其组成个人的作用无法预见。我们不能预先说个体的光子走哪条路径，但我们可以预见亮光带和暗光带在荧屏上的最终结果（关于干扰问题的说明）……在实施统计方法时，我们不能预见群体中个人的行为，而是只能预见包含某些特殊方式的机遇、概率。如果我们的统计规则告诉我们，三分之一的粒子每秒的速度为300—400米，这意味着经过重复我们对诸多粒子的观察，我们真正获得了这一平均数，换句话说，一颗粒子在此限度内的概率等于三分之一。"[3]

现代物理学理论确信可靠范式向概率范式的过渡，肯定在观察和结果分析中应用统计工具的必要性。以下例证表明了这一确信。

2. 在教育界的应用

量子论的两个基本思想与教育科学也有一定的相关性：在教育心

1　Claude Bernard. *Introduction à l'étude de la médecine expérimentale*.（原作注）

2　Karl Marx, *Manifeste du parti communiste*.（卡尔·马克思，《共产党宣言》）（原作注）

3　Einstein, Infeld, *L'évolution des idées en physique*, pp. 303-304.（原作注）

理学领域,一个水平向另一水平断续与突然过渡,这两者都依赖于统计观察的必要性(见第四章)。

——主体差异与统计规律

在某种教育情境的所有受教育者群组[1]都是由完全不同的个体构成。教育学的困难问题之一是面对一个具有不可忽视的自身特性的群组,同时面对构成这一群组的每一个体,如何知道他们所有质与量的差异。我们不再处于教育信息对于所有人都一致的年代,每个人对于教师传递的信息都是以相同方式接受、理解、应用。举一个简单例证:对一个具有 8 个主体的小组进行两次测验,两次测验的结果在平均数与均方差几乎一致。

表 1

主体	测试 1	测试 2
A	16	7
B	7	10
C	17	17
D	10	10
E	10	16
F	17	17
G	13	10
H	10	13
平均数	12.5	12.5
σ	3.81	3.82

---

1 参见 Mialaret (G.), *Sciences de l'éducation*. (原作注)

表2

测试1< 测试2	Ep, 1= 测试2	测试1> 测试2
3	3	2

只有3个主体(C、D、F)反映出一致结果,而5个主体的反映不尽相同。相等的平均值(以及均方差)掩盖了差异现象。我们处于近似狗踪曲线的情境:从统计上看,两次测验(流量)同等分流,但每个主体(粒子)遵循的是个体路径。

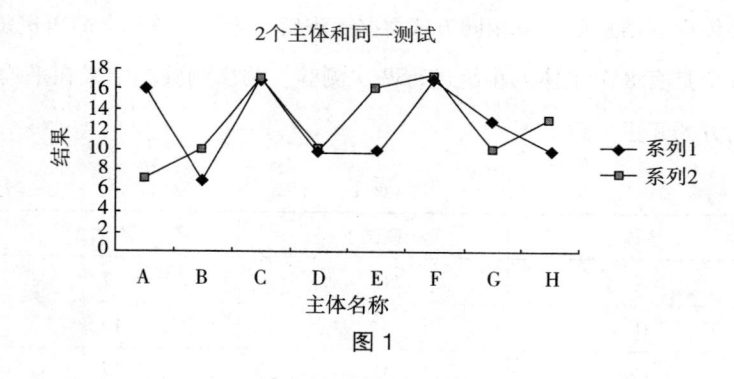

2个主体和同一测试

图1

新的例证可以提出另外一个问题。过去高中里的所有班级都会有这样的经历,人们得以前班级(初中一年级、二年级……毕业年级)包含10个简单代数问题的测试结果。下列表格和曲线图梗概地说明了整体结果:

表3 计算以下表达式的数值(第一系列)

问题序号	表达式	结果	为		
1	$2xy$			$x=3$	$y=5$
2	$ab/3$			$a=6$	$b=15$

续表

问题序号	表达式	结果	为			
3	$ab2$			$a=4$	$b=7$	
4	$(x+y)z$			$x=3$	$y=2$	$z=4$
5	x^2y^2			$x=1$	$y=3$	
6	abc			$a=25$	$b=4$	$c=7$
7	$x+yz$			$x=10$	$y=11$	$z=5$
8	ab			$a=0$	$a=8$	
9	$(ac)^2$			$a=2$	$c=5$	
10	$(x-y)^2$			$x=15$	$y=12$	

在这里，我们关心的是统计层面，不考虑个人的结果，而统计的结果是教育的丰硕成绩。

连续年级的同一测试结果

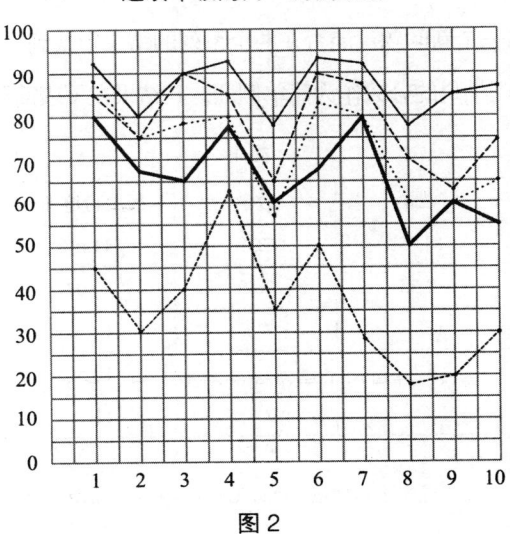

图2

简要评述：

——连续几个年级的曲线相对平行，测试成绩高于初中一年级的水平；

——若干困难在学习过程中持续存在，特别是第 2、5、8 个问题明显。分析错误可以标志出表现学习特殊困难的数学问题；

——在（旧学制）二年级，至少 90％ 的学生未能完全掌握代数技巧。

分析可以进一步深入。我们的计划仅仅是表明学习困难的分析不能满足于单纯的数学思考，还需要看到主体因年龄不同而具备的学习可能性，即根据主体年龄进行心理学分析。

——个体与集体：如何找寻？

前面两个例证中，其一指向个人结果，另一指向集体结果，使我们向我们自己提出一个新问题：能否在两个系列的结果中找到一种关联？即将 3 个学生的 4 门学科的分数作为简单例证，其结果在下表简要说明[1]：

表 4

学科	法语	数学	历史与地理	科学
m	8.75	7.39	11.4	10.5
σ	2.35	2.49	3.02	3.07
学生 A	11	7	12	9
学生 B	8	11	10	12
学生 C	8	7	11	10

1　对于统计问题，这里不作详述，可参见：Mialaret (G.), *Statistiques*, 第 4 章。（原作注）

第七章 两个基础科学革命（二）

给每个学生的分数意味着什么？换言之，如何不知评估系统而能够正确解释这些结果（见前文的参照系）？

统计规则给出的解决方式（假设考虑到所有惯常约束）：将所有数据代入此类型系列

平均数 $=0$，方差 $\sigma=1$

表5

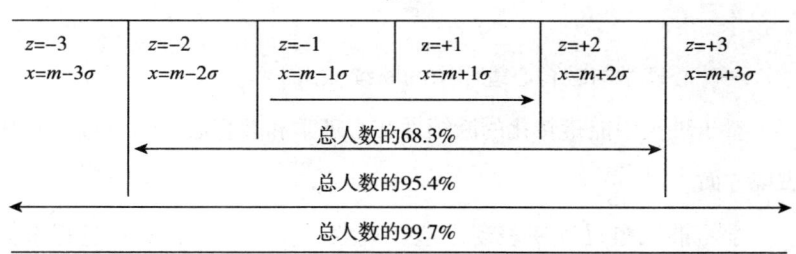

$z=-3$	$z=-2$	$z=-1$	$z=+1$	$z=+2$	$z=+3$
$x=m-3\sigma$	$x=m-2\sigma$	$x=m-1\sigma$	$x=m+1\sigma$	$x=m+2\sigma$	$x=m+3\sigma$

总人数的68.3%
总人数的95.4%
总人数的99.7%

所有分数根据下面的公式转换为下表：

$$z = (x-m)/\sigma$$

表6

学生A	0.96	-0.16	0.20	-0.49
学生B	-0.32	1.45	-0.46	0.49
学生C	-0.32	-0.16	-0.13	-0.16

现在，所有这些分数的比较都成为可能，因为这些分数具有相同的参照系。折线图比数表更为明了。正Z值表明分数高于平均数。

测试结果比较

图3

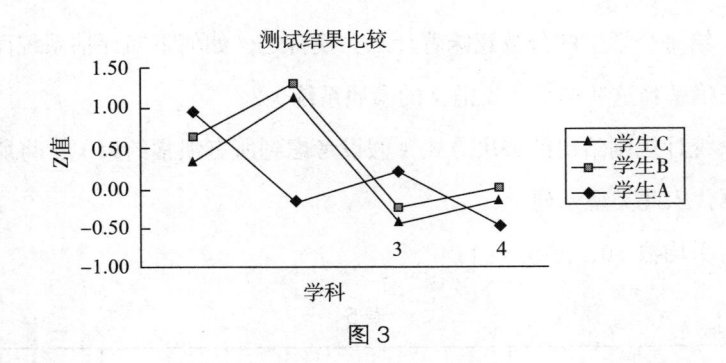

——心理学与教育心理学中的断续

量子理论中能量转化的断续性在心理学和教育心理学领域也有其表现方面。

学习的完整过程便表现出这一现象。在一个心算实验过程中，我们将获得的结果在下表中加以分类。变化曲线及计算的速度与准确性，都作以较长说明。学习过程的连续性只能通过曲线的人为"打磨（polissage）"得以体现。

这一"数量上"的断续性相当于亨利·瓦隆所表述的质量上的"断续性"[1]：

"心理发生学（psychogénèse）并非自动形成，它也没有必然的进展。神经系统的成熟，使不同类型或不同水平的行为相继出现成为可能，还需要加上可能不同的练习。但是，这些差异依赖于最初的不确定性。一个随之构成机能循环的活动，会导致一种刻板的、不求进

---

[1] 参见其文章：La psychologie génétique B, in *Enfance*, pp. 220-235。（原作注）

步的行为……相反，人的优势与必要的持久与连续的学习相关。在那里，每一功能，首先是无效的功能，应当发现其不同的潜在性，密切功能间的联结，同时，复杂形势也会在当前和以后要求加强这种联结。"他还说，"即使神经系统的成熟，即具备生物机能的状态，以统一的方式完成，这种方式也会阻止重新认识其中的不同阶段或时期，先前分离中心的简单关系可以孕育出转变存在条件和儿童行为全新的活动。"

表7

课程序号	速度平均数	准确度
1	6.27	62
2	8.9	58.6
3	9.4	74.8
4	9.5	65.1
5	11.8	77.5
6	10	72.5
7	9.7	75.2
8	9.3	78.8
9	10.4	74.1
10	10.2	79.6
11	10.6	74.5
12	10.5	79
13	11.4	85.2
14	11.7	79.4
15	9.4	84.5
16	11.7	83.82
17	10.8	79.07

续表

课程序号	速度平均数	准确度
18	13	80.4
19	13.3	80.5
20	13.4	78.5
21	14	82
22	14.4	94.5
23	13	84
24	13.3	85.5
25	15	88
26	14.1	87.7
27	14	91.5
28	14.34	87.93
29	15	84.87
30	14.65	87.13
31	13.96	87.32
32	15.03	86.18
33	16.48	89.32
34	19.46	90.90
35	19.34	87.47
36	16.04	87.78
37	16.03	89.44
38	16.72	90.43
39	17.34	93.98

第七章　两个基础科学革命（二）

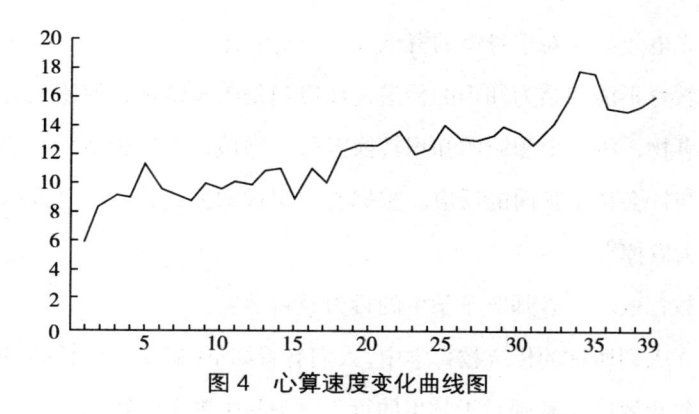

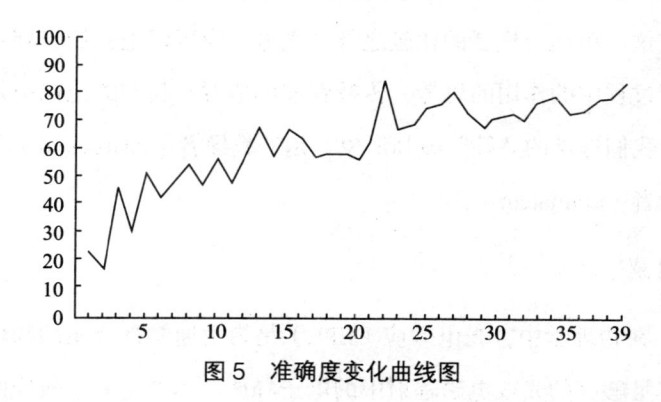

图4　心算速度变化曲线图

图5　准确度变化曲线图

人的心理学上的变化因此失去其连续性，这种变化应当从断续的角度来理解。

教育中的光电效应吗？相似是十分可能的（重提此说明中的公式："比较并非有理。"[1]）。因此我们敢于进行类似的比较：

---

[1] 此句包含一定的语言技巧，原文为"Comparaison n'est pas raison"，其中"比较 Comparaison"包含着"理由 raison"一词。（译者注）

光电效应 = 对于身体的资讯冲击→新情境[1]。

教育不能归结为知识的传递，而应当是激发精神，促使人去发现新的事物，将一个领域的知识转换至另一领域，发展创造力，学习对科学与社会作出正向的反应。根据曾经用过的公式，让一个人尽可能地最大发挥[2]。

教育效应 = 教师对于学生的行为→新学生。

在人们所称的传统教育学中，人们有着如下(确实是概括的)模式：

教育效应 = 教师对于学生的行为→头脑中更多的知识。

在这一单纯与概括的比较之外，光电效应可以把我们带到对教师在教育过程中的作用的思考：传授者或创造者？我们的记忆中是否还保留着我们遇见的"好"教师形象？是"教导者（instructeur）"还是"激励者（animateur）"？

附录

1. 在物理学中，光电效应（EPE）是指由通常是金属的物体暴露在频率足够高的光或电磁辐射中的电子释放。当产生光电效应时，全部附带光子的能量转变为周边的电子，以获取其原子，并以转换为动力能量的形式而存在，由此导致从能量层次向粒子层次的变异。1839

---

[1] 引用爱因斯坦的话："我们先前说过关于电子发出的热线。在这里，我们试图引入从金属中获取电子的另一方法。例如，正如我们所知，具有确定波长的一束同质的紫色光，照射在金属表面并由此获取电子。光线以一定速度移动……这种通过光线照射金属来获取电子的方式被称为光电效应。"（原作注）

[2] 参见：Mialaret (G.), *Pédagogie génirale*, p. 393.（原作注）

第七章 两个基础科学革命（二）

年，安东尼·贝克勒尔（Antoine Becquerel）[1]与其子首次提出光电效应。在其试验中可以观察到，浸没在液体中电极的状态因光亮而改变的现象。但这一现象无法解释。

阿尔伯特·爱因斯坦于1905年首次用光粒子或量子的概念（今天称为光子的概念）解释这一现象，而马克斯·普朗克最初在其提出的黑体发射的解释框架也曾引入这一概念。爱因斯坦解释这一现象是在物体与光的相互作用下，由光子即光的量子的吸收而引发。这一发现使他于1921年获得诺贝尔物理学奖。

2. 相关读者（并数学专业者）在阿道夫·比尔的著作第二卷第196页看到薛定谔方程[2]，可以研究量子化现象。还可以在路易·德布罗意的著作里看到普朗克常量[3]的定义并拓展学习路径。

---

[1] 安东尼·贝克勒尔（Antoine Becquerel，1852—1908年），法国物理学家。（译者注）
[2] 薛定谔方程（l'équation de Schrödinger），是由奥地利物理学家薛定谔提出的量子力学中的一个基本方程，也是量子力学的一个基本假定。（译者注）
[3] 普朗克常量（constante de Planck），记为 h，是一个物理常量，用以描述量子大小。（译者注）

第八章 教育领域中的时间
——关于科学事业的哲学讨论[1]

"直至近代,人们对人类空间和领主时代充满了兴趣。"[2]

哲学著作与文学著作(例如马塞尔·普鲁斯特的《追忆逝水年华》[3])谈及许许多多关于时间的事情。联合国教科文组织出版的著作《时间与哲学》带来了信息的爆发。哲学家米歇尔·赛荷(Michel Serres)[4]的部分工作便是致力于这一问题的研究。甚至政治家也插足于此:"需要把时间留给时间。"自从亚里士多德(在其《物理学》)、

1　此章不涉及普遍意义的时代问题。我们忠实于我们的计划,只讨论与教育科学相关的科学概念。(原作注)

2　引自:Ardoino (J.); extrait de *Eléments de rythmanalyse, introduction à la connaissance des rythmes*. (原作注)

3　马塞尔·普鲁斯特(Marcel Proust,1871 年 7 月 10 日—1922 年 11 月 18 日),20 世纪法国最伟大的小说家之一,著有《追忆逝水年华》(*A la recherche du temps perdu*)。(译者注)

4　米歇尔·赛荷(Michel Serres,1930 年 9 月 1 日—),法国哲学家和作家。(译者注)

第八章　教育领域中的时间

圣奥古斯丁（Saint Augustin）[1]（《忏悔录》第 11 卷），再经过康德关于时间"首先是感知的一种形式"的观点，我们可以看到所有伟大哲学家的思想：笛卡尔、柏格森（Bergson）[2]、胡塞尔（Husserl）[3]、罗素、巴舍拉、赛荷（Serres）[4]、阿尔多诺（Ardoino）[5]、昆德拉（Kundera）[6]……然而，圣奥古斯丁谈及时间问题已有好几个世纪：

> （时间）这一词，当我们说出时，我们肯定会理解，当听到别人说出时，我们同样也会理解。好！那么时间是什么？没有人向我提出这样的问题。我想解释这个问题，但我不知道如何解释。

几个世纪之后，帕斯卡尔在《论几何学精神》（*De l'esprit géométrique*）这本小册子的主要文字中，详细考察并长篇论述了如何定义词汇及定义时间的概念。他发现，那些试图定义这些简单词汇者的论述是如此脆弱无力。

---

[1] 圣奥古斯丁（Saint Augustin，354 年 11 月 13 日—430 年 8 月 28 日），罗马帝国末期北非的柏柏尔人，早期西方基督教神学家、哲学家，其著作《忏悔录》（Confessions）被称为西方历史上"第一部"自传。（译者注）

[2] 亨利·柏格森（Henri Bergson，1859 年 10 月 18 日—1941 年 1 月 4 日），法国哲学家，获得 1927 年度诺贝尔文学奖。（译者注）

[3] 埃德蒙德·胡塞尔（Edmund Husserl，1859 年 4 月 8 日—1938 年 4 月 26 日），奥地利哲学家。（译者注）

[4] 米谢·赛荷（Michel Serres，1930 年 9 月 1 日—　　），法国哲学家和作家。（译者注）

[5] 雅克·阿尔多诺（Jacques Ardoino，1927 年 3 月 6 日—2015 年 2 月 20 日），法国教育学家。（译者注）

[6] 米兰·昆德拉（Milan Kundera，1929 年 4 月 1 日—　　），捷克著名作家，出生于捷克斯洛伐克的布尔诺，1975 年流亡法国，1981 年归化为法国公民。（译者注）

时间属于这种类型。谁可以定义它？既然所有人说起时间都想到有人要说，干吗还要说呢？然而，关于时间的本质有许多不同观点。一些人说，这是创造的事物的运动。另一些人说，这是运动的尺度。当然，这都不是我所说的，众所周知的事物的本质：它不过是名称与某种事物之间的关联的表述，时间是所有人对同一客体附加的思想。这一概念不需要被定义，这样做就足够了，没有必要再去考察时间是什么。人们也没有必要在思考时间之后，再滞后去感受，因为定义不过是人们为所指的事物命名的所作所为，并非要显示其本质。[1]

现代哲学家也不乏对时间或多或少富于想象力的讨论，米歇尔·赛荷关于这一主题的引文颇有启发：

时间并非按照直线或平面运行，而是在极其复杂的多元变化中运行，正如它所显示的休止、中断、深邃、突进的通道、撕裂、空隙、所有随机性播种，至少是处于可见的无序状态之中（第89页）。时间以极其错综复杂的、无法预见的方式行走。时间不合常理地蜷缩或扭曲，这种变幻需要同火盆中火焰的舞蹈相比较：在这里，纵向切断，又出人意料地动起来……更为直观地说，这个时间可以像一团抹布那样构建线条，具有多重褶皱的变化。

---

[1] Pascal, *De l'esprit géométrique*. Éd. Brunschvicg, p. 10. （原作注）

显然，我们远不能对秒做科学定义：

"秒为铯 133 原子基态的两个超精细能阶之间跃迁时所辐射的电磁波周期 9,192,631,770 倍的时间。"

哲学家、文学家、生物学家、心理学家、教育学家、社会学家、人类学家、音乐家在这片茂密的森林中并行。他们如何找到我们前进方向的路线？是与教育科学领域相关的现代科学研究在时间领域的成果吗？

首先，需要梳理一下我们统一应用的词汇：绝对时间、实际时间、学校时间、校外时间、时间、时间性、期限、经济约束时间、丧失的时间、历史时间、物理学家的可逆时间和热力学（与生物学）的不可逆时间（时间之箭）……

如果不是为了寻找与教育情境的某些相似性，我们不用再回溯到由牛顿时代的物理学至爱因斯坦的时空观的变革。我们根据不同情况，试图看到时间概念在教育科学中具有哪些应用，有哪些"时间"的比喻？

一、数学公式中的时间"t"

这是在初中阶段学习的关于时间的经典公式：$e=\frac{1}{2}gt^2$ 或更简单地写成 $e=vt$。在这里，人们测量（静止的）钟表时为秒、分、小时。人们可以赋予其反值：当时间 t 为 0，一名自行车运动员距离其起点 45 千米；如果（速度 =15 千米 / 小时，时间测量标准为小时）其移动速度不变，时间 $t=-1$，他在哪里？他在距离起点 30 千米处。

这一简单的思考在某种程度上可以蹦出"大爆炸(big-bang)"概念。如果人们在"当前时"看到宇宙大爆炸现象,那么是否存在"绝对时"=0,就是说等于时间的绝对起源呢?

从那里可以找到解决这一问题的假设。

另一例证:对于心理学家,一个主体的年龄可以这样表示:

年龄(t) = 当前日期 - 出生日期

变量 t(年)是连续的,变化由 0 至死亡日期。

这是一个简单的情况,因为部分函数(出生日期)是固定的,而"t"是以连续和线性方式变化。

二、人文科学中的时间

在前面的例证中,人们可以确信,根据"t"变量正确地确定了自行车运动员的位置。相对论和量子论的现代理论显示,当人们接触到复杂现象,而这种现象处于(无限大或无限小的)另一种层次时,事情便并非如此简单。牛顿力学在数学上可以认定宇宙状态处于时间 $t=α$,认为宇宙状态的时间为 $t=α+β$,构成公式的不同函数便是连续变量。人们不能在当前的同一前提出发。如果把 t 称为 $Ψ$(心理学或社会学或教育学情境),其复杂性可用下列公式表示:

$$Ψ(t) \rightarrow [φ_1(t), φ_2(t), φ_3(t), \ldots φ_n(t)]$$

在此公式中,不同函数 $φ$ 并非完全独立,而是一些函数根据另一些函数做出反应(这就是我们未能指出它们之间关系的任何标志的理由),人们只知道函数 $φ_1$、$φ_2$、$φ_3$……并不以类似的或连续的方式变化,而是根据概率的法则变化。人们还知道函数"t"根据已知的函数，以连续或断续的方式发生变化。将时间 t 作为 Ψ，人们只能以某种概率认识作为 t 时间的 Ψ 状态，或者认识它们之间的局限，认为 Ψ 状态处于"t"（可信度间隔）的变化过程中。函数 φ 可以（例如根据年龄关系）连续，或可以（根据其在兄弟姐妹中的重要性、家庭成员的出生或死亡的关系）断续。

再来研究几个具体事例：

——如果函数 $\Psi(t)$ 可以表示一个主体的个性，并能够很好解释个人生活的复杂性，正如瓦隆所言，则会产生至少三组基本因素：遗传成分、心理与生理成分、主体经历的整个经验。

——如果函数 φ 以几乎类似的方式变化（都具有可比的可信度间隔），人们则会说这个主体呈"常态"变化。人们在此说的"统计常态化"，完全可以将这一主体同参照组的其他主体进行比较，但并不抹杀个人的特性（见第七章）。然而，我们发现这些函数可以根据连续方式或断续方式发生变化（以神经学变化为例，髓鞘现象可以在生理变化的一定时间引起被传递或不被传递的神经兴奋）。

——如果函数 φ 之一的变化带来所有其他函数 φ 的变化，人们会看到全方位的病理学状态（主体的才华阶段直至灾难性的结局）。

——函数 φ 之一可以被心理冲击（亲属的亡故）或疾病、事故扰乱。人们从未确切地知道这些会发生，因为它们是未来事件，人们只能知道其存在的概率。

基本的困难是认识不同的函数 φ_i 是如何构建，以及它们之间的关系和相互作用。一个极其简单的例子可以使变量的复杂性清晰起来。在勒内·扎佐的研究过程中[1]，需要明确主体家庭的社会文化层次。经过长时间的探索，勒内·扎佐建立了一个在时间"t_a"（即调查时间）有效的公式。但是，前提是建立一个职业等级表和一个研究等级划分表（原书第49—56页）。三个不同等级的社会标记的分布图（根据主体的百分比）复制如下，可以引起对不同心理学家的研究方法的兴趣。

主体在时间 t_a 的社会标记

$$(Pp \pm d.GPP. \pm d.GPM.) + \frac{Et.P. + Et.M.}{2}$$

其中：Pp = 家庭的职业评分；
$d.GPP$ = 与祖父母职业水平的差异；
$d.GPM$ = 与外祖父母职业水平的差异；
$Et.P.$ = 父亲的文化评分；
$Et.M.$ = 母亲的文化评分。

每个数值都借助于在适当领域（如职业分组）构建的图表，经过事先研究的预评估。主体的社会评分根据职业状况的改变，保持稳定或过渡到另一层次。在这里，变量"t"并非连续变量。正如其他相关的变量，它是断续的，只能是正向的。

在这一复杂性和函数 φ 的变化类型之前，人们可以理解某些思想具有吼叫着让科学决定论灭亡的倾向。它们还处于纯粹的伽利略决定论的范式之中！

1　见 Zazzo (R.), *Des garçons de 6 à 12 ans*, p. 56.（原作注）

第八章 教育领域中的时间

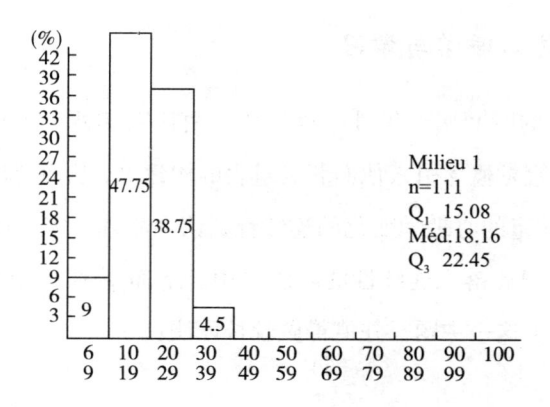

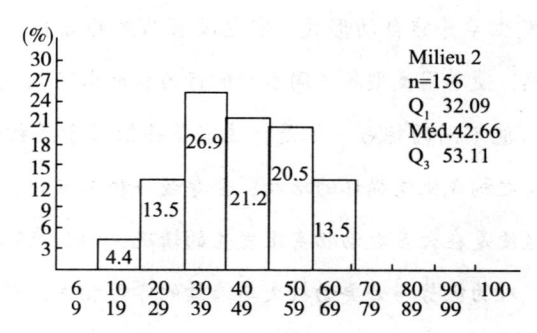

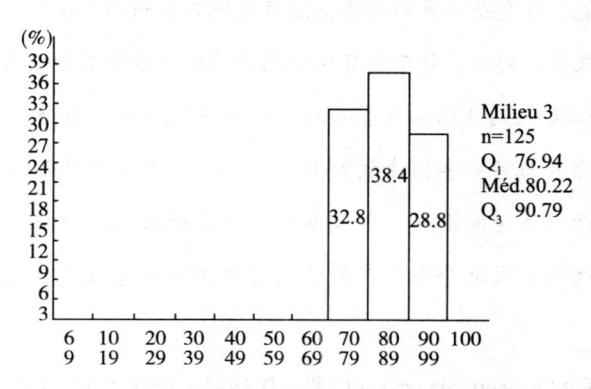

图 1 三个不同等级的整体社会标记分布图（根据主体的百分比）

三、遗传心理学与学习

心理变化的时间属于另外一种性质。由比奈和西蒙（Simon）[1]将值得注意的直觉概念引入他们著名量表的构建里，从而得出6岁、7岁、8岁等儿童的心理学变化的连续性，诸多心理学家（或严肃测试的批评！）因此落入连续性的陷阱之中。下面亨利·瓦隆的一段引文清晰论述了这一主题，并值得做较长评注：

> 心理发生学并非自动形成，它也没有必然的进展。神经系统的逐步成熟，使不同类型或不同水平的行为相继出现成为可能，还需要加上可能不同的练习。但是，这些差异依赖于最初的不确定性。一个随之构成机能循环的活动，会导致一种刻板的、不求进步的行为。这便是在大多数动物身上发生的情况，例如鸡雏从蛋中出来。相反，人的优势与必要的持久与连续的学习相关，在那里，每一功能，首先是无效的功能，应当发现其不同的潜在性，密切功能间的联系，同时，复杂形势也会在当前和以后要求加强这种联系。
>
> 如果人们可以指出在心理发生学中进步的连续性，那是由于一些因素与另一些因素错综复杂的联系。这并不是基础性联系。即使神经系统的成熟，即具备生物机能的状态，以统一的方式完成，这种方式也会阻止重新认识其中的不同阶段或时期。先前分

---

[1] 西蒙（Théodore Simon, 1873年7月10日—1961年9月4日），法国精神病专家。（译者注）

第八章 教育领域中的时间

离中心的简单关系可以孕育出转变存在条件和儿童行为全新的活动。当儿童被束缚在摇篮中或在其"花园"中的时期，以及在他蹒跚走过房间的时期之间，一个普通的保姆也会发现儿童成长阶段的差异，对他的照顾和监管都会是另外一种样子，在她的动作、要求和行为的目标与方法上出现一个小小的变革。在一种更具分析性和更具心理学理论色彩的形式下，能够感受到的只能是类似的变化，只能是突变和速变或由过渡与中间阶段引起的变化。实际上，也许并没有变化，在他们的描述中所运用的区段、阶段、时期、期间的概念表示各个不相似层面的所有观察结果，然而每个阶段都有其特点，并具有其在心理发生学过程中的意义。

儿童变化的阶段并不是像时钟运行一样精确，而是有一个成熟过程，这些过程并不具有同一变化节律，对于整体行为变化也不具有完全相同的结果。当说到儿童一周岁开始行走，这既是对的又是错的：对，是因为在统计上如果采用1000个儿童样本，行走的平均年龄可能为一周岁；错，是因为如果这个或那个儿童因为保持平衡的小脑患脊髓炎，那么其行走速度就会不同于其他儿童。我们重新回到狗踪曲线！此外，普通心理学与临床心理学也有所区别。

这些相对于个体变化的观点也存在于教育科学之中，存在于教育情境层次上。在相同时间（同届年级）或不同时间（连续年级），学习过程都不尽一致。在一个学习概念或实际操作的班级的教学相对容易，而在另一学习同样内容的班级可能会出现前一班级并不存在的困难。

四、学习的断续性

学习，如何看都是一种复杂的活动，其结果不能与时间变量建立数学关联，其曲线已清晰可见。学习的进程含有增长阶段、平稳阶段（曲线上的高原）、退步阶段（成绩下降）、不均衡增长阶段（时快时慢）。一旦达到教师要求的最高点，如果没有规律性的验证，便直接上路前行，进入进展遗忘阶段[1]。需要认识教育学问题的重要性，但并不易把握。学习的结果，无论这一学习为何，都不能被根据时间"t"的简单函数来表示。

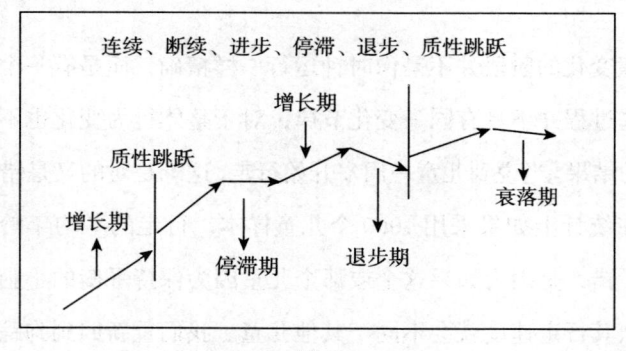

图2

五、时间与行动

正如我们所见，爱因斯坦提出了革命性的新概念：时间-空间。

1　Mialaret (G.), *L'Apprentissage des mathématiques*, p. 217.（原作注）

第八章　教育领域中的时间

这一概念显然不能用于人文科学领域，但它使人想到不同于时钟时间的"行动时间"的概念，一种涉及人类时间-空间的概念：时限。哲学家、诗人谈论时间。"啊！时间随你飞翔……"从笛卡尔到柏格森，中经莱布尼茨（Leibniz）[1]和康德等哲学家，都有关于此主题的论述[2]。巴舍拉以勃艮第[3]人的风格写道："实际上，人们只是在感到时间太长时才感受到时间的长度"（引自弗莱斯著作第201页）。弗莱斯（Fraisse）[4]隔空回应道：

> 游戏中的儿童热衷于玩耍，作家在著书中长时间均无时间意识。经常看到这种情况，但并不总是能得到很好的解释，因为不能完全区分我们适应时限的方式。例如，为什么作家没有时间意识？我们可以假设他完全被其工作所吸引，这意味着他在写作时

1　戈特弗里德·威廉·莱布尼茨（Gottfried Wilhelm Leibniz，1646年7月1日—1716年11月14日），德意志哲学家、数学家。（译者注）

2　对于康德，"首先是一种感知形式"，莱布尼茨反对将持续的时间看作空间的延续，时间的持续不过是真实感知的连续过程，如同一个被聚集的无限数量单位的拓展质量。相反，时间是一个连续的过程，可以根据其意愿来捕捉。时限概念的产生恰好与时间概念的产生相反："实际上的简单聚合，在理想中却是整体的一部分。"摘自拉朗德（皮耶尔·安德烈·拉朗德，Pierre André Lalande，1867年7月19日—1963年11月15日，法国哲学家）。（译者注）著作《哲学的技术与批评词汇》（Lalande A., Vocabulaire technique et critique de la philosophie, Paris, PUF, 1947.）。柏格森反对时间期限的概念，前者具有直接在精神生活中连续的特点，"纯粹期限、具体期限、真实经历期限"；后者则是我们与同类人推理和交流时所使用，并表现为空间形象的数学方式。见《论意识材料的直接来源》（Les Données immédiates de la conscience）。（原作注）

3　勃艮第（Bourgogne），法国东部地区名。（译者注）

4　保尔·弗莱斯（Paul Fraisse，1911年3月20日—1996年10月12日），法国心理学家。（译者注）

没有任何做其他事情（吃饭、购物）的意愿，或由于疲劳而中止其工作。但是这样专一的兴趣并不能阻止他变换其作品的意识，即他所书写的页数。如果需要的话，这些变化为他提供若干判断时间流逝的标志。然而这些标志并不能涌现时间的感受，感受时间只能依赖主体与其活动的关系。

我们再来看下面的问题。

心理学家，特别是在弗莱斯著作出版之后的心理学家，对于时间问题都试图采用一种客观的态度。

> 对于心理学家来说，时间作为科学研究的目标并不存在。它既不可见，也不可分析，也不可分割。这是一个我们为了体会变化而创造的概念。由保尔·弗莱斯的著作所标志的时代的心理学关注时间行为，即人们适应变化的不同方式。这样看来，作为"一个相同过程中的相继阶段或相随的不同过程"的变化，根据适应的方式，我们可以作不同理解。[1]

六、时间与教育科学

教育科学研究者并不以定义时间或标志时间特点为目标，他们基本是探索活动与活动的不同时间的联系，关心可观察到的征象，

1　Testu F., *Temps et rythmicité*, Lyon, AFIRSE, 1992. p.49.（原作注）

第八章 教育领域中的时间

如疲劳、烦躁或无趣的持续时间。但问题的诸多方面可以划分和分析：

——历史时间：事件日期、主体觉悟、历史时代。

• 历史学家所言：社会时间

"毫不惊奇的首要特点：历史时间，即公共权力、企业、国家、文明的时间本身，也就是服务于群体成员的共同标志的时间。

"这种见解是如此平庸：为了认识人的偏好，需要标志出其排斥的东西。历史时间既不是自然时间也不是心理时间；更不是可以无限分割的，具有严格的一致单位的星球时间或石英钟时间。它由于线性的连续性，具有世纪、年、月、日等常态阶段的可分性而相似。但它又有所不同，因为它不是一个外在框架，可以展示在所有经历之中。'历史时间并非如几何直线为点的无限那样是事件的无限'。历史时间不是测量单位：历史学家并不是用时间来测量政治统治并在其中进行比较，这没有任何意义。历史时间在某种意义上融合于问题、文献、事件之中，它也是历史本身。

"同样，历史时间也不是心理过程的持续，因为无法测量不同强度与密度的各个片段。但它在某些方面，由于其经历特点却是可以比较的。在1914—1918年战争的52个月中，医院中每周的人员存活与死亡数量并非没有相似的。战争的时间非常长久……大革命和1968年5月学潮的时间则很短促。历史学家或以天甚至以时计算时间，或以月、以年，甚至更大单位来计算时间。但历史时间过程的波动是共同的。这些波动不依赖个人的心理，人们可以具体表示时间。"[1]

• 儿童的时间

我们在前面曾提及一个无意设置的陷阱，即比奈和西蒙为心理学者提供的智力量表。8岁儿童的心理不等于7岁加1岁儿童的心理，皮亚杰、瓦隆很好地揭示了不同连续的阶段各自具有其特点。同样，对于历史时间，日历把我们引入这样一个陷阱，认为历史中的变革是连续的。1789年7月15日的法国不再是7月14日的法国，尽管路易十六的"无事可记"还在其个人日记本里！更靠近我们的是2001年在纽约发生的"9·11事件"扭转了历史方向。时间的连续性只存在于日历上。这一见解对于教育者十分重要，他们应当教会少年儿童懂得历史的意义。在罗瑞·卡尔（Roger Gal）的研究中，已经表明儿童在确定日历时间，以及这个或那个事件的困难。简单的测试如下：

按照历史次序写下以下人名：

450年，阿提拉（Attila）[2]在匈牙利。

1570年，腓力二世[3]在西班牙。

60年，尼禄[4]在罗马。

1　Anès (P.), *Le Temps de l'histoire*, p. 219.（原作注）
2　阿提拉（Attila，406年9月2日—453年4月30日），匈奴人的领袖和皇帝。（译者注）
3　腓力二世·奥古斯都（Philippe Ⅱ Auguste，1165年8月21日—1223年7月14日）法国卡佩王朝国王（1180—1223年在位）。（译者注）
4　尼禄·奥古斯都·日耳曼尼库斯（Nero Augustus Germanicus，37年12月15日—68年6月9日），罗马帝国皇帝，54—68年在位。（译者注）

结果如下：

表 1

年龄	8 岁	9 岁	10 岁	11 岁	12 岁
正确比例（%）	19	48	56	82	65

人们可以这样自问，一个初中一年级学生对于历史教师讲述古代史是如何想的？他说的"60 年"是什么意思？历史教师应当参阅弗莱斯的著作中关于时间范畴问题的论述[1]。这同时也提出课程问题及课程是否适合学生年龄的问题。学校机构的负责人应当考虑心理学研究的科学成果，以便进入新科学精神的时代。

——主体理解的时限与教育结果

主体对时限的估量是一个十分复杂的运作，需要具备若干因素：

• 与所处普遍环境相关的因素，这方面的例证可以轻易举出。授课或讲座在持续相同时间的情况下，如教授或讲座者和蔼可亲或令人厌烦，会议是强加的或自愿参加的，会场的设施良好或差劲（如某些场所的座椅不舒适），过小的会场挤进了过多的人，室温太高，空气憋闷，外部声音嘈杂等因素，均会影响人们感知到的时间长短。因此，人们指出，良好的设备条件对于教育内容传授具有被接受和被发挥的最大机遇。

• 对于听讲者或接受者主体的个人状态而言：间歇、疲劳、烦躁、应激，不耐烦地等待下一事件的发生。还需要考虑主体的现时状况：

1　Fraisse P., *Psychologie du temps*, Paris, PUF, 1957. chap. 6.（原作注）

饥饿状态的主体不会像吃饱饭的主体具有同样的反应。

• 对于任务的兴趣：强加的任务、设定的任务。学习内容的问题是否适合学生的水平：例如，文科班级中的理科与理科班级中的文科。

• 与教师的人际关系特点：良好、攻击性、中性。教育信息被接收，由主体主动探寻，或突然被拒绝（例如一个教师的政治立场处于另一政治立场极端位置的社会环境之中）。

• 教师采用的教学方法：纯粹的语言方式、视听方式、小组活动方式或个人方式。我们还可以指出是否适应学生水平的任务：过于困难的任务，对于濒临不及格的学生再泼冷水，或过快地完成了任务，被主体感受到学习时间的改变。

• 完成任务的时间。人的注意力限度由于年龄及后面指出的因素差异极大：婴儿的注意力只有几分钟，而某些成人的注意力可以达到几小时。

七、时间与教育状况、时间与空间的唯一性

如同人类的所有现况与状态（历史的、社会的……），从现时存在的角度看，教育状态也是唯一的，就是说无论在时间还是空间，其状态都不可复制。教育行为一旦过去，所有行为者便因其经历的状态的事实而改变，即使有时存在的条件处于相同的条件之中，所有参与者都无法重复与复制曾经的状态。在这里，复制是根本不可能的，正如亚里士多德所言，因为只有普遍性的科学，便不可能进行一种特殊状况的科学研究。因此，所有关于人文科学的科学研究都被批判，因

为这些研究未能处于某些科学概念，即亚里士多德与惰性物质科学的概念之中。换言之，这只在适应某种状态的现象之中，承认科学研究的主体。这些状态包含"相同原因产生相同结果"，所有原因只有一种结果，原因与结果相分离且不属于同一性质……我们不进行这样的讨论，因为它在新科学精神的视角中几乎没有意义。

八、所有教育状况的历史范畴

时间与空间的这种唯一性与所有教育状况的另一基本特点并不矛盾：确定的日期。任何一种教育状态都属于历史，几乎只有最初的学校教育状态是例外，就是说它之前处于另外部分的具有决定意义的教育状态之中，并开辟了走向下一教育状态的路径。所有教育行为都要跟随另一教育行为，或是作为补充，或是作为充实的行为，或是能够带来新元素的行为，因为之前的教育行为只能为无法带来的新元素准备条件。因此，研究者不可能分析一种教育状态而不考虑之前的教育状态，即在某种意义上了解之前所做的准备，并在未来了解已经研究的教育状态（也可参见后面关于目的与目标问题的论述）。

何谓与"时间与空间"概念的关系？仅仅几行文字无法解释时间与空间的概念，我们将借助于若干具体的图像来认识这一概念，或者是一位教师准确地（如果在现实中是可能的）在同一地点和不同时间，在相同的学生们面前重复讲授同一课程。为了标记同一地点、同样参与者、发布的同一类型的信息……这两个事件的特点，我应当增加一个变量，即时间变量，以便区分两个事件。我们还可以举出另外一个例证：看一看相同人物连续几年假期在同一处拍摄的照片（例如德可乐利博士对其女儿照片的研究，或格塞尔[1]关于儿童心理动力发展分析方面的著作），我可以区分对应于每张照片的时间、年份，认识不同时期的空间状态，即区分时间。实际上，与时间相关联的空间是我们日常生活中经常使用的概念，只不过研究者和学者将其以数学方式表示。

九、"遗传"的观点

——宇宙膨胀学说和"大爆炸"学说很好地展示出天文学关于遗传的态度。在人类层面，难道授精时刻不是给予未来的主体所有可能性的一种大爆炸？难道我们不会观察、标记和开发一个主体具备的一切潜能[2]？不必求助于个体发生学和种系发生学的身心平行论，通过类比我们便可以去思考"最大值教育学"[3]。

——瓦隆说，"遗传心理学是研究心理特点形成与变化的心理学，它可以涵盖生物界、人类或个体"。它分析过去认知的变化与融合，

1　阿诺德·格塞尔（Arnold Gesell，1880年6月21日—1961年5月29日），美国心理学家和儿科医生。（译者注）
2　Mialaret (G.), in *Pédagogie générale*, la pédagogie du maximum.（原作注）
3　米亚拉雷《普通教育学》第393页。"我们曾经犹豫如何给这一基本原则命名：成功教育学、成就教育学、反失败教育学……实际上，基本思想是教师应当尽其所能帮助学生，使其发挥当前与未来的可能性，在学习与进步的进程中尽可能地走到最远。因此，在这一原则的基础中，首先存在的是信任而非幼稚，是在主体的可能性和教师作用的新概念之中的信任。诸多关于大脑可能性的著作证实，教育只开发了主体极少部分的智力，良好方法和内容的选择可以极大提升知识和概念的水平，远远高于我们当前所认识的水平。"（原作注）

第八章 教育领域中的时间

但不是这些变化的连续阶段的简单并列与叠加。

通过这一方法实施的可实现功能的分析，具有同时获得其整体与各部分结合的意义。它不会依据相似或武断选择的或多或少的反差来把整体切割为碎片，并在其起点具有这样的意识，就是说以一种思考方式看待心理特点发展最明显的阶段。相反地，它跟随心理特点的发展，经历不断增加的诸多状况的差异。例如对于人来说，可以借助于有时向新的存在方面提升的特殊反应，适应社会生活。

绝不可忽视所有行为和教育状况的遗传侧面，因为它处于新科学精神视角的所有教育科学研究之中。

十、在时间生物学中的科学研究成果[1]

几十年前，重要的工作已经完成[2]，但遗憾的是教育者与教育机构

---

[1] 时间生物学是研究生物现象阶段变化的学科领域，这些阶段根据确定的阶段节律而重复。我们的大部分生理功能具有大约24小时的周期性，一天与另一天的（昼夜节律）变化甚微：由最大相对确定的1"小时"到最小约之后的12小时。这些功能或其他功能具有若干小时、分或秒的节律性，但无论如何都明显地低于24小时（次昼夜节律），和/或具有明显高于一整天，例如大约28天或一年（超昼夜节律(rythme infradien)）。这些节律差异由于自然的同步（特别是昼夜交替或光照周期），群体内部或社会同步（工作与休息时间的交替），或相互影响（例如，夜间与睡眠的次昼夜节律几乎完全影响生物与生理节律，并由它们之间的某些因素影响）而保留、提前或滞后。我们的细胞、组织、器官不能随意、随时地"自行其是"。（原作注）

[2] Montagner, Testu, 1986, 1994, 2000, Koch et al., 1987, Montagner et al., 1992, Leconte-Lambert, 1994, Montagner et Testu, 1996, Testu et Clarisse, 1999, Devolvé et Jeunier, 1999.（原作注）

经常被忽视，而他们拥有对于明显改善学校组织和更好同学业失败作斗争的丰富信息和教学建议。

泰斯蒂（Testu）[1]曾经研究儿童学习的节律，让他们做简单的练习，并按小时观察他们的正确率。他看到，在 11 时和 15 时 30 分存在两个峰值期（acrophase），以及两个低值期（batyphase），第一个在接近 13 时 30 分（它并不直接地和单纯地与午餐的消化相关，否则在饮食之后的所有餐后时间同样会有一个低值期）。它持续约两小时（在 13—15 时之间）。第二个低值期接近凌晨 3 时 30 分。这个低值期也许与温度下降有关，最低点在早晨 3—5 时之间。

除了这种注意力的昼夜节律（circadien）之外，人们还注意到大约 90 分钟的次昼夜节律（ultradien）。例如，课程开始之后，注意力在大约 25 分钟之后达到最高，然后消退，大约在接近 75 分钟时到达低峰值。

美国的一项研究显示，一个注意力周期相当于中断电视节目的广告时长。（可怜的美国人！）

以下是蒙塔涅（H. Montagner）引文的摘录（见参考文献），他已勾勒出这一状况的清晰图景，而不需要我们假模假样地简要评述。

关于儿童的生物学和生物心理学节律，特别是在校时间中的节律，时间生物学和时间心理学研究得出了类似的结果与结论。我们可以简述这些基本数据：

1　弗朗索瓦·泰斯蒂（François Testu），法国图尔大学教授。（译者注）

第八章　教育领域中的时间

在小学，一个在校日有两个"强效力时间"，这两个时间段很可能具有大脑与行为活跃的高水平的特点（对外部刺激的警觉），并具有比其他时间更有效的注意力和更好的处理信息的能力。如果将醒-眠节律"检索"，这些表现为醒来的"强效力时间"介于6时30分至7时和8时30分（8时至9时）的学校上午开课之间，并因不同年龄、不同儿童和不同日子，介于9时30分和12时之间，或在下午14时30分和17时之间。

与此同时，警觉性、注意力、认知过程，更普遍地说是智力资源，在醒来之后的2—3小时，即在9时至9时30分之间，或因不同年龄、不同儿童和不同日子，在13时至14时30分—15时之间明显地较少开发，或较少调动。

任务的复杂性与重复性、年龄、班级、是否有午睡时间、日期、儿童、"社会-文化-职业场所"，以及其他变量，因"性质"不同，波动的幅度有大有小。

在校日上午开始的"低效力时间"具有特别的阻力，同时它显示出阻碍儿童理解与学习的"一系列"特性与困难：神经生物学揭示，在夜间醒来后，大脑需要有一定水平和一定时间的苏醒，而这个苏醒能够达到对环境的刺激具备警觉性并加以对待的程度则因人而异。对于所有年龄儿童的无警觉性或半睡眠状态（眼睛的半开或紧闭、课桌前低头等）的指标测量显示，这一时间经常持续在9时和9时30分之间，而不是以后的时间。

这一现象看起来与两大变量相关，并常常相互依存：一方面是睡眠不足和醒－眠节律错乱，另一方面是儿童对日常生活环境具有不安全感。不安全感表现为四大"行为类型"：自我行为（或自省）、回避行为、"多动行为"（"为运动而运动"）和攻击与破坏行为。这些行为的发生、频度与持续，要么是与儿童的"直接"经历（虐待、缺乏与父母的交流和依恋）相关，要么是与其对担忧、焦虑、家庭环境困难的"多孔性"（porosité）相关，主要是关于父母之间的冲突与决裂，父或母的失业现实与前景，父母身体状况的恶化，工作条件的恶劣状况，来自亲属（母亲、兄弟姐妹）的恶待等问题。所有这些指标，在教育优先区（zone d'éducation prioritaire——Z.E.P.）的学校中的儿童－学生中比在"普通"学校的儿童－学生中被更清晰地、更经常地、更长时间地得以观察。在上学日之初，主要是在9时30分之前，许多儿童－学生并无调动其警觉性、注意力和处理信息能力的准备。此外，他们并没有完全得以平复、安心、具有安全感，度过、减轻和"忘记"胆怯，并向外界与外人敞开心扉，找到自己的位置，面对教育资讯与符合学校的要求。在学校的午后开始时，人们还会看到这些现象，但有所减轻。作为比较，在那些没有严重困扰或醒－眠节律正常，生活在"安全"家庭环境的儿童－学生中，这些现象得以减轻或未能观察到。

警觉性、注意力和处理信息能力在一天中的消退期与波动，表现在幼儿园的小班与大班（2—6岁）之间，并与初级学校中较大年龄的儿童同样具有结构性进步。其节律性因符号型或语言型任务，因周内这一天或那一天的任务，因儿童是否适应午睡，因他们是在教育优先区学校还是在普通学校的班级里而有所差异。

既然这样的节律性影响智力的发展和思维能力的建构，所以我们不能忽视学校时间的安排，特别是每日的安排。否则，这就意味着承认学业失败，个人行为的扰乱，社会行为的机能障碍……都是与学校无关的厄运。

如果学校发展一种在不同参与者（儿童－学生、家长、教师等）相互作用、相互关联的组合系统策略，调整学校作息时间，使之不与不同年龄儿童的节律性相冲突，调整空间环境，使儿童从安全感、情感、（工作岗位、班级整体、课程等）能力和认识过程中得以释放，便可以解决这些问题。就是说，需要我们认识到学校是一个以儿童－学生为中心的生态系统，其成员必须在这一系统中相互融合。

以上大段的精彩引文，完美地概述了我们当前掌握的关于学生心理学和教育心理学节律的普遍信息。学校机构经常忽视或不愿关注这些可以更好理解学生行为的基本信息。

十一、主体年龄和教育机构结构的关系，学校校历与作息时间

关于这一问题，我们有一个涉及行政的、政治的、宗教的、商业的、

教育的观点完全混乱,但从未(或例外地)求助于新科学精神,求助于科学研究以便明确教育选择的极好例证。

——教学周的组织。朗之万-瓦隆计划[1]

众所周知,由于宗教的原因,每周四世俗学校都放假,使有宗教教育愿望的家长为其子女实施这种教育。这种学校教育的中断从来不是问题,只是简单地确定在每周的位置:周三或周四。在著名的儿科医生罗伯特·德勃雷(Robert Debré)[2]的推动下,大约在1960年把这一天由周四变为周三。

朗之万-瓦隆计划已经指出学校每周的作息结构[3],但并未明确引证其科学依据(如果当时存在的话):

> 课时表应当确定用于教学的总时数和这些时间在不同教学中的分配。为了确定儿童在学校的时间,需要考虑其生理能力和心理需求。对于7—9岁儿童,每天不应超过2小时,每周不应超过10小时。
>
> 9—11岁儿童:每天3小时,每周15小时;
>
> 11—13岁儿童:每周20小时;

---

[1] 朗之万-瓦隆计划(Le Plan Langevin-Wallon),为法国战后教育改革的重大计划,于1947年6月提出,虽未能实施,却成为后来教育改革的经典文献。由于该计划先后由物理学家朗之万和儿童心理学家瓦隆主持起草委员会,因此以他们的名字命名。(译者注)

[2] 罗伯特·德勃雷(Robert Debré,1882年12月7日—1978年4月29日),法国儿科医生。(译者注)

[3] 见 Mialaret (G.), *Le Plan Langeuin-Wallon*, p. 47.(原作注)

第八章 教育领域中的时间

13—15 岁儿童：每周 25 小时。

课时表中应包含"指导课"。这些课程将为 11—15 岁儿童开设，并只在第三阶段有测验，而在以后的课程中完全自由而无测验。在课堂教学之外，儿童应当能够自己选择是否参加所有活动——游戏、阅读等。

尽管朗之万 - 瓦隆计划的指示不等于科学研究，但在当时也构成了对于儿童清晰观察的最初结果。学校机构并未充分注意到。泰斯蒂认为：

班级的周课程表过于沉重：直至小学三年级，班级课程每周（5 天或 6 天）不应超过 21 小时，小学四年级至初中一年级[1]不应超过 25 小时，高年级不应超过 28 小时。

教育学的规则远非科学指出的结果。

在此还有每周四天课程的问题。国民教育部根本不考虑专家的意见，也不理会科学研究的结果（新科学精神，你在哪里？），而采取如下决定：

---

[1] 在法国，小学学制为 5 年，最低年级称作"预备年级"，二年级称作"基础一年级"，三年级称作"基础二年级"，四年级称作"中级一年级"，五年级称作"中级二年级"。中学年级序列倒数，初中一年级称作"第六年级"，高中一年级称作"第二年级"，高中三年级称作"毕业年级"。此处译文按照我国习惯表示。（译者注）

新科学精神与教育科学

从 2008 年开学之日起，初等学校学生的课时安排如下：所有学生每周学习时间为 24 小时，而学习困难的学生额外可以享有两小时的个别辅导时间。每周教学可以安排为 4 天，或在周一至周五安排 9 个半天。

人们开始议论纷纷！一些人（市镇政府、家庭、教师、商人……）出于不同原因而同意。另一些人则表示反对，其中教育界和科学界的声音最具权威性，主要引述如下：

泰斯蒂："每周四天课时的安排真是荒唐。"

普罗斯特（Prost）："遗憾的是，教育部不做任何教育学研究，甚至把教育科学的研究者看作害群之马。"[1]

难道我们要回到伽利略时代？科学研究的担忧并未征服教育界[2]。

十二、学年的组织

我们还可以在学年的普遍设置和假期的分配上得到相同的看法。泰斯蒂明确指出影响这一结果的诸多（非科学的）因素：

往日，学校在忏悔星期二[3]时休假 2 或 3 天。1968 年，法国为

---

1 见 Le Café pédagogique du 22 décembre 2009 sur Internet.（原作注）
2 在完成本书的写作时，我们看到医学科学院不赞成每周四天课时制。（原作注）
3 忏悔星期二（Mardi Gras），直译为"油腻的星期二"，又称忏悔节，是大斋期开始的前一天。在许多地方人们通过狂欢节、化装舞会和化装游行的方式来庆祝这个节日。（译者注）

第八章 教育领域中的时间

冬季奥林匹克运动会的主办国,并斩获了许多奖牌。应当回馈给滑雪运动的团队,于是诞生了"白色旅游"。为了促进这一旅游的新机遇,需要为儿童开设寒假,以便家庭能够参加冬季运动,为此将假期固定为两周。之后,在冬季旅游行业的压力下,法国将学校休假划分成三个区域,错开的寒假使冬季旅游期从 2 周延长至 6 周。

几年来,在一些城市的压力和影响下,将周六完全空出,以便使周末成为完整的两天已成趋势。

泰斯蒂在其另一次讲座中重提一些研究结果,以澄清这一问题:

如果看一下成人的工作,人们发现一年之中两个时段特别困难:万圣节和 2—3 月。这是一年当中儿童最经常生病和容易疲倦的时期。然而,万圣节的假期通常太短,它隔断了年度最长的一个假期,只有一周。大家知道,日常变化需要大约 8 天的适应期。为了使假期成为一个休息和恢复的时段,它应当持续至少两周。

7 周课程和 2 周休息交替难以实现。实际上,这种交替由于完全忽视儿童需求的社会压力而极少被遵守。

——阶段设置:经过科学验证了吗?

关于法国教育系统的结构,人们同样会看到对关于主体科学研究结果的忽视。确实,回答这个问题是困难的,因为一项比较研究显然需要非常长的时间。但依靠当前的大型国际机构，这一计划并非不能实现[1]。

传统上看，法国初等学校按以下方式构成（1923年官方公报）：

> 1923年2月23日通令摘要，这一通令1882年7月27日关于初等学校教学组织与学习计划通令的1887年1月18日通令的再次修订。
>
> 第九条 初等学校中的教学划分为三门课程（cours）
>
> 初级课程
>
> 中级课程
>
> 高级课程
>
> 无论班级和学生的数量多少，这三个阶段的设置是强制性的。
>
> 第十条 学习时间作如下分配：
>
> 预备班：1年，6—7岁；
>
> 初级课程：2年，7—9岁；
>
> 中级课程：2年，9—11岁；
>
> 高级课程：2年，11—13岁。
>
> 后续教学可以：
>
> ——在小学的补充课程班，或在小学高年级；

---

[1] 当教育科学的研究者收到阿比任部长的教育部通知时，感到非常惊奇。它允许所有实验研究，教育系统组织的研究除外。（指1975年的阿比改革。）（原作注）

阿比改革（La réforme Haby），1975年由时任教育部长勒内·阿比（René Haby）主持的教育系统改革，主要措施是将不同类型的初中统一设置为单一初中。（译者注）

——在中学一年级。

"二战"后，（1947年）朗之万-瓦隆计划提出了关于初等教育另外的教学组织方案：

不同阶段的教学结构与组织

第一阶段教学

义务教育：6—18岁

教学依据学生年龄段划分为不同的阶段。

幼儿学校的学生为3—7岁

儿童的能力在此阶段自由发展，采取活动教学法而无课程大纲。

阶段划分

1. 7—11岁教育阶段。对于所有儿童实施相同教学（同样基于心理学和教育学原理）。

2. 11—15岁教育阶段（指导阶段）。部分共同教学，部分专门教学。

3. 15—18岁教育阶段（定向阶段）。在第三阶段（15—18岁）初期有三种可能的分流：

第一，理论学习班。除了法语、历史、实用外语的基础教学之外，还包含以文科（经典人文、现代人文）和理科（纯科学、观察科学、物理学、化学及相应的数学）为特点的教学。

第二，职业学习班。对于将来可能成为生产领域的中级管理人员并显示出比理论学习更具操作能力的儿童，应当引导他们进入

（商业、工业、农业、手工业等方面的）职业学校。

第三，实践学习班（学徒）。对于动手能力优于思维能力的儿童，应当指导他们进入学徒实践学校……但他们的决定并非不可改变。第一学年，他们应当接受指导教师的管理。

当前我们知道关于学校节律的研究在这一时期并不存在［保罗·弗莱斯（Paul Fraisse）[1]的博士论文发表于1967年］。人们能够参照的关于儿童心理学问题的文献作者中，瓦隆当属法国最著名的大师。他对新教育运动[2]具有深远影响。其科学基础尚不明确。

新的大学课时结构由1989年7月10日的教育指导法确定。

学校教学组织

第四条　学校教学按阶段组织，每个阶段都要确定教学目标和包含学年进度与评估标准的国家课程。

从幼儿学校至初等学校结束的教学包含三个阶段。

初中实施两个阶段的教学。

普通高中与技术高中和职业高中的阶段最终获得普通、技术和

---

[1] 保罗·弗莱斯（Paul Fraisse，1911年3月20日—1996年12月12日），法国心理学家，其重要著作《时间心理学》（*Psychologie du temps*）出版于1967年。（译者注）

[2] 新教育运动（Éducation nouvelle），19世纪末出现的世界性教育思潮，主张以儿童为中心，采用活动教学法。（译者注）

职业会考文凭。

这些阶段的时限由相关法令规定。

学习阶段

学习阶段的概念是在这些阶段之间建立良好连接,以便更好地关注每个儿童和每个青年的心理与生理变化。学习阶段实际上同时是区别于年龄概念和接受结构心理学和教育学现实。这是一段确定目标与课程的时期:

——预学习阶段涵盖幼儿学校;

——学习阶段开始于幼儿学校的大班,结束于初等学校基础课程的第一年级完成;

——巩固阶段和深入阶段包括初等学校的最后三年;

——观察阶段(初中一年级和二年级);

——导向阶段(初中三年级和四年级);

——定向阶段会考文凭,可以进入职业生活或继续高等学习:职业系列优先于第一目标,普通与技术系列优先于第二目标;

——高等教育的三个系列的组织由1984年1月26日的法律明确规定。

此段文字中存在心理时间参照。人们还在等待当前仍在进行的整个科学研究对大学时间结构的确认,这些研究将考虑个体变化过程中的变化和不同的时间变量。当前少年变化的时间已不是前一代少年的变化时间（特别是职业选择的年龄）；当前社会生活的节奏也不是前一代人的生活节奏。大学教学结构（由法令组织……原文如此！）是否考虑我们已经见证的所有变化？舆论同科学研究成果的对立还未在教育领域中找到平衡！

第九章 "复杂性"问题源自何处?

"没有简单的现象,现象是关系的交织。没有简单的本质,没有简单的物质;物质是品质的构成……简单的思想根本不是知识决定性的基础;当人们将知识置于纯粹从思想出发的简单视角之中,随即便会显现出完全不同的一面。"

(巴舍拉,第149页)

我们遵行笛卡尔的范式已有几个世纪,我们从中发现了方法论的基本原理[1]。哲学家、教育家均是笛卡尔主义者。在加斯东·巴舍拉的《新科学精神》一书里,最末一章侧重于"非笛卡尔认识论"。我们

---

[1] "第一是从不接受任何事物为真理,显然我只承认真理是如此。这就是说,谨慎地避免仓促与偏见;在如此明确、如此清晰地呈现在我的思想的东西之上,我没有任何机会去怀疑,我的判断不包含任何多余的东西。

"第二,将我审视的每一个难题进行分解,并尽可能地细分,以便逐一更好处理每个细小部分。

"第三,理顺我的思维,从最简单、最易认识的目标开始,然后逐步升级,直至最复杂的认识……

"最后,尽可能全面地清点,尽可能普遍地核查,确保我不犯任何错误。"(原作注)

来看巴舍拉的以下精彩分析：

> 对某些知识的过去保持一种开放的、经常的怀疑，这就是一种对笛卡尔主义的谨慎的超越、延伸、拓展的态度，值得称为非笛卡尔态度，并在非笛卡尔主义的意义上总是对笛卡尔主义的补充。

在此前一页，他详细写道：

> 简而言之，我们相信，科学的解释在于尝试收集其基础上的复杂元素，并仅仅以暂时的名义，为了特别的职业和毕业文凭证书而构建符合条件的元素。保持解释体的开放态度是科学心理学认可的特性。一切现象的构成都可以成为经常性思维的机会，回来补充公设体……至少，我们的思想应当对这种可能性开放。[1]

这种对非笛卡尔认识论的分析基于特别具体的例证，在此我们不便展开[2]：关于氦原子分析的例证（第152页及以后）。巴舍拉坚称："看起来人们只能在复杂的深入研究后才能进行简单的描述"（第153页）。路径向所有冲进来的哲学开放，无论其是否有"科学"的标记。

1　Bachelard (G.), *Le Nouvel Esprit scientifique*, p. 164、165.（原作注）
2　详见《新科学精神》第六章。（原作注）

第九章 "复杂性"问题源自何处?

当代哲学的领军人物埃德加·莫兰（Edgar Morin）[1]这样解释这种新范式。

> 复杂性思维表现为（……）若干楼层的建筑。其基础由信息论、控制论和系统论构成，并包含组织理论的必要工具。第二层由约翰·冯·纽曼（John von Neumann）[2]、海因茨·冯·福斯特（Heinz von Foerster）[3]、亨利·阿特兰（Henri Atlan）[4]和伊利亚·普里高津（Ilya Prigogine）[5]关于自动组织的思想构成。在这一建筑上，我愿意增加一些元素，主要是对话原则、递推（récursion）原则和全息照相原则这三项原则。

埃德加·莫兰认为，信息理论可以使我们：

> 进入既是有序（多余信息）又是无序（噪音）的世界，从中提取新的东西，即信息本身，于是成为控制论机器的组织者（程

---

[1] 埃德加·莫兰（Edgar Morin，1921年7月8日— ），法国社会学家、哲学家。（译者注）

[2] 约翰·冯·纽曼（John von Neumann，1903年12月28日—1957年2月8日），匈牙利裔美国籍犹太人数学家，现代电子计算机与博弈论的重要创始人。（译者注）

[3] 海因茨·冯·福斯特（Heinz von Foerster，1911年11月13日—2002年10月2日），奥地利裔美国物理学家和哲学家，二阶控制论的创始人。（译者注）

[4] 亨利·阿特兰（Henri Atlan，1931年12月27日— ）法国生物物理学家和哲学家。（译者注）

[5] 伊利亚·普里高津（Ilya Prigogine，1917年1月25日—2003年5月28日），俄裔比利时物理学家和化学家。（译者注）

序员）。例如，信息指出了战斗的胜利者，解决了一种不确定，信息宣布了暴君的突然死亡，同时还宣告新事物的诞生。

埃德加·莫兰在控制论上重提诺伯特·维纳（Norbert Wiener）[1]引入的反馈思想，这一思想中断了与线性因果原则的联系，引入了因果循环的原则。他这样解释：

> 反馈（feed-back）具有一种扩大机能的作用，例如在军事冲突上升至极端的形势下。导致暴力反应的先导者的暴力，会带来更加暴力的反应。经济、社会、政治或心理学的现象中存在大量具有这种反馈思想的通货膨胀论者和稳定论者。另外，我们再加上"教育学的"现象。

埃德加·莫兰认为：

> 组织递推原则在反馈（feed-back）原则之上，它由于自动产生和自动组织的概念而超越调节的概念。这是一种生成性循环，其中的产品与结果是生产它们的生产者和原因自身。因此，我们每个人是源于本质是年龄的再生产系统的产物，而这一系统之所以能够生产，则在于我们因自身婚配而成为生产者。人类个体在

---

[1] 诺伯特·维纳（Norbert Wiener）（1894年11月26日—1964年3月18日），美国应用数学家，控制论的创始人。（译者注）

第九章 "复杂性"问题源自何处?

其相互活动中和通过相互活动而产生社会,社会在出现的同时产生这些由个人组成的人类,并带给他们语言和文化。

他最后解释第三个"全息照相"原则:

> 可以阐明看起来是悖论的某些不仅部分在整体之中,而且整体又在部分之中的系统,基因遗传的全部都体现在每一个体细胞之中。如此看来,个人是社会的一个部分,社会作为整体,通过其语言、文化、风俗又体现在每一个人身上。

我们的计划不是阐释关于复杂性的理论,而是在新科学精神的视野中探寻教育科学如何从中受益。一个简短的历史回顾是必要的。

自柏拉图以来,教育学家所经历的均是教师与学生的简单模式。苏格拉底和美诺(Menon)[1]的奴隶在诸多教育学论辩中针锋相对。我们还可以算上高康大(Gargantua)和卜诺克拉德(Ponocrates)[2]、卢梭和爱弥儿[3]。在那些年代,情况看起来相对简单。苏格拉底向美诺提

1　美诺(Menon),柏拉图《对话集》中的人物。(译者注)

2　高康大(Gargantua)和卜诺克拉德(Ponocrates)均为法国作家弗朗索瓦·拉伯雷 1534 年出版的小说《巨人传》(Pantagruel)中的人物。(译者注)

3　让-雅克·卢梭(Jean-Jacques Rousseau,1712 年 6 月 28 日—1778 年 7 月 2 日),法国 18 世纪伟大的启蒙思想家、哲学家、教育家、文学家,18 世纪法国大革命的思想先驱,杰出的民主政论家和浪漫主义文学流派的开创者,启蒙运动最卓越的代表人物之一。爱弥儿(Émile),为其小说《爱弥儿,或论教育》(Émile, ou De l'éducation)中的主要人物。(译者注)

出的关于他的奴隶的唯一问题如下:"他会说希腊语吗?"这是全部教育学的基本问题:我可以与他交流吗?自幼儿园至大学的全部形式的教育机构的发展到不同的教育境界,但其中复杂性的概念并未被突破。在此,我们回顾一些元素以便验证我们的断言[1]。下面的图示为只涉及与训练和教育直接相关因素的教育状况的简单模型,即关于内部复杂性的模型。再后面的图示包含一部分同学生教育合作的机构,相当于我们称之为外部复杂性的模型。简单元素:教师-学生关系只能在整体状况中研究与理解。正如人们所见,根据教育状况的特征,教师-学生的关系在当前学校生活的各种现实中可以由好至坏,这是令人遗憾的。

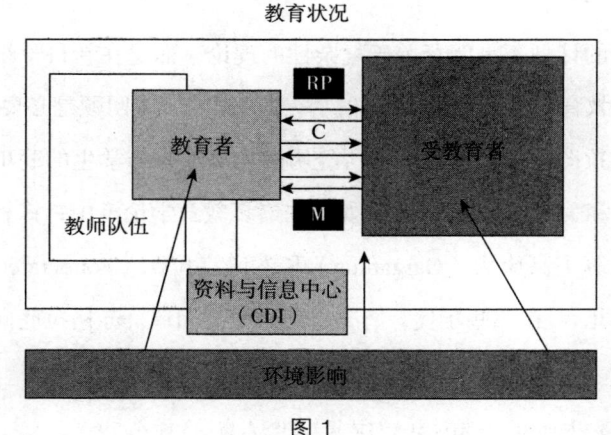

图 1

教育状况的复杂性具有不同层次,每个层次的构成又经常地相互作用。

---

[1] 更详细的研究,可参见 Mialaret (G.), *Sciences de l'éducation*。(原作注)

第九章 "复杂性"问题源自何处?

——这一复杂性的第一个方面在于教育情况本身,从中可在一些个体或一些群组观察到一切人类现象:诸多不同的交流,群组中某人干预另一人的欲望,意外的发生,近乎无限数量的独立与依赖(心理学复杂性和教育学复杂性)。

——复杂性的第二个方面涉及我们在第八章阐述的关于所有教育状况的史实性和教育发生的地点(空间与时间的复杂性)。

——整个教育过程不能与其存在条件相分离,在教育情况中,环境、社区及其构成的(宗教的、政治的……)群组与教育情况相互影响,这便是值得考虑的复杂性的另外原因(社会学的和人种学的复杂性)。

——教育状况复杂性的第四个方面在于,全部教育状况基本上为多重文化,不仅每个学生身上带有其家庭、小社区的文化,而且群组 - 阶级在社会学上为同质。在此领域,由于不同民族的或地理的"文化",与交流进步相关的当前形势产生叠加的多元文化(文化的复杂性)。

——另一个侧面相当于下一节目标将涉及的内容:全部教育状况横跨一个或多个价值系统(价值观的复杂性)。我们在此看到所有研究的"多重参照"面。

如果想要找到参与者反映的准确看法(或正确假设),正确解释记录的质或量的信息,应当对全部教育状况的基本复杂性加以分析。正如巴舍拉的建议,通过(教育状况的)复杂性获取(例如教师 - 学生关系的)简单。

在 20 世纪,教育状况的外部复杂性得以发展。从教师的单一活动和在课堂上面对学生的唯一者,到大量承担补充教师的教育使命的服务，开始关注学生的身体和生理方面的状况，有关生理的、再教育的、学业指导的、资料与评估的机构应运而生。下页的图示是关于这些方面的概要……

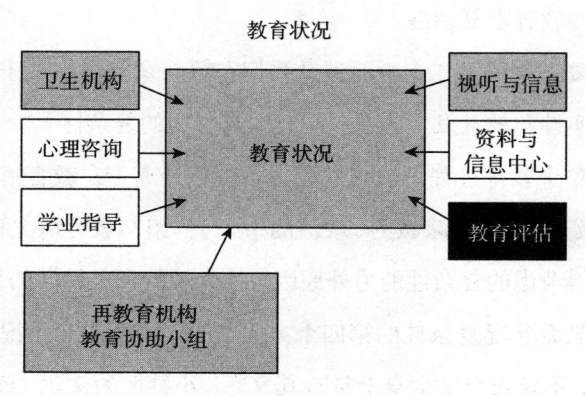

教育状况

卫生机构	→		←	视听与信息
心理咨询	→	教育状况	←	资料与信息中心
学业指导	→		←	教育评估

再教育机构
教育协助小组

图 2

所有与这些机构的诞生相关的教育新问题，是教育行动的协调问题。这种外部复杂性不应是各自为政的机构的简单并置，而应当在考虑所有相关人员更加复杂的教育视角中全面思考，应当将教育行动的参与者全部纳入进来考虑。这需要掌握所有人员的确切信息，可采取组织加入学校的新人进行合作的方法。

一、教育科学研究中的复杂性

我们应当阐明教育科学领域中的科学研究所表现出的若干特点。我们在教育科学研究的领域中已经区分几种类型的研究目标[1]，在此我

---

1 见 Mialaret (G.), *Sciences de l'éducation*, chap. 4. （原作注）

第九章 "复杂性"问题源自何处?

们简要地复述一下:

——从过去资料中抽取的事实。这是最终无法改变的事实,要做的工作是历史学家通过外部批评和内部批评的技术方式既定为事实寻找一种(或多种)解释。事实已经"固定",今人在事实上和实践中已无法将其改变(例如:古代的斯巴达教育)。

——从当前资料和现实中抽取的事实,对于这些事实可以获得不同活动者(教育部、教师、管理者、学生家长、公民、政治人物、学生)的解释。我们说这些是对于一定时期"相对"稳定的事实。研究方法包括文献分析法、客观观察法、访谈法。但是,与"固定"数据研究(见上)中的方法相反,研究者可以找到决策的负责人进行调整或改革。他也可以与应当实施决策的"活动者"联系。他还可以分析这些决策有意识的或无意识的、公开承认的或不可告人的、直言的或暗含的理由,考虑导致这些决策的教育的、社会的、政治的、经济的分量。

——眼下发生的动态事实与状况。这些事实与状况通常绝不可能完整复制——教育状况。它们依赖于观察(和记录)等科学工作,依赖于教师、学生、(校长、督学等)管理者,可能还有学生家长等参与者的评述。为了建立所研究状况尽可能客观的文献,所有数据的综合工作必不可少。

——源于创建实验状态的事实与状况。自变量、因变量和中间变量的区分应当十分清晰，并在实验计划形成时确立。

上述研究目标的每一类型呈现出一种复杂性的特殊形式，需要合适的、恰当的科学对待，正如我们在上一章所指出的那样。回顾爱因斯坦的论述可以丰富我们关于这一主题的思考。在此，我们并不是简单地把物理学理论思想搬到教育科学上来，而是审视新科学精神的新思想是否能在我们的研究中和我们的解释上有所反映。

一个新概念出现在物理学中，这是自牛顿时代以来最重要的创新——场。需要强大的科学想象力来构建这个既不是负荷又不是粒子，而是在负荷与粒子之空间的场，它对于物理现象的描述是基本的。

传统物理学与量子物理学根本不同。传统物理学旨在对空间中存在的物体进行描述，构建支配其在时间中变化的规律。

量子物理学的目的不是对空间及时间中变化的单个物体进行描述。我们不能这样断言："这一物体如此如此，它有如此如此特性。"相反，我们可以这样断言："有如此如此的可能性，即单个物体可能如此如此，有这样或那样的特性。"在量子物理学中，没有支配单个物体在时间中变化的规律。相反，我们有支配在时间中的可能性变化的规律。由量子物理学把这个唯一的基本变化引入物理学，使得恰当解释在物质的基本量子和显示其存在的辐

第九章 "复杂性"问题源自何处？

射的现象领域中，波的看似断续与稳定的特点成为可能。[1]

在教育者面前的是有血有肉的存在，而不是分子（particules），故不可能忽视每个主体的个性。相反，当一个群组形成，相互关系与相互作用的问题对于理解教育状况便是核心问题，"场"的问题成为主导。所有关于群体生活与行为的心理学研究将沿此方向进行。认识一个群组，无论其如何，即是认识其心理学"结构"，认识子群组的存在，认识在不同时刻或多或少对整个群体起支配作用并导致其发展的强势人物。

在所有教育状况中，甚至在内部复杂性中，都有另外一种双重复杂性：强势人物出现的复杂性，以及所有强势人物之间的关系的复杂性。社群中的主体之一所占据的位置是认识教育活动的重要因素。一个十分简单的例证可以说明这一断言：在一些心理学专业大学生的实践课程中，我们设计并实施了以下问卷调查。调查范围是一个有29名女生的班级和一个初三班级（所有学生都回答了问卷中平均5个层次的问题，由0至5，或是肯定，或是否定）。图形参照了梅里（Meili）所采用的图线[2]。

1. 她友善吗？
2. 你愿意和她做一件危险的事吗？
3. 你喜欢同她一起学习吗？
4. 你喜欢和她度假吗？

1　Einstein (A.), Infeld (L.), *L'évolution des idées en physique*, p.311.（原作注）
2　Mialaret (G.), *Sociométrie et pédagogie*.（原作注）

5. 你认为她友善吗？

每个学生须在事先写上所有学生名单的表格上回答对于每个同伴（除了她自己）的肯定或否定的看法。人们设置了 5 个大矩阵（每个问题一个矩阵），在矩阵中可以看到某个学生对所有其他学生的评价，反之亦然。下面是两个通过给出的分数而分别构建的图形，我们可以明显看到，左侧图形的数据整体显示并不认可友善，而右侧的图形却显示出一个学生对于班级整体特别友善。

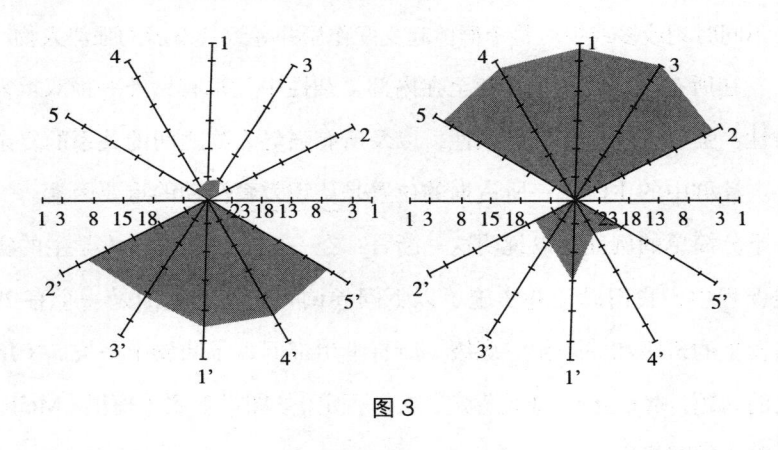

图 3

人们可以从获得的结果认定，细化的子小组更好地标志出班级的心理学构成，也明显看到我们前面所说的复杂性的一个侧面。我们需要求助于数学，以便获得这一复杂性的思想。例如，在一个有 29 个学生的班级里，如果计算 5 组主题的可能结果，可以获得118755 种可能性[1]！如果再考虑重新分组可能的不稳定性（实际上是

---

1 可以在本章的附录中看到计算公式。（原作注）

第九章 "复杂性"问题源自何处?

群组的社会动态),人们会看到班级的心理社会结构在某一时刻构建具有极大的困难。对一个班级复杂性的认真研究不能仅仅依靠组合计算。

教育状况的另一特点使我们不能忘记新科学精神的新态度。物理研究或是依据相对论,或是依据量子论,它们本质上具有动态特点。所有教育状况则依赖于状况的参与者相互实施的一个(或多个)行为的存在。这一行为还须由一种明言的或隐含的价值系统所引导。行为的真实意义与隐含的价值系统相关联:对于同一行为,根据可接受的价值系统可以有不同的评价,这个问题我们将在下面讨论。

——几乎不计其数的自变量

首先,正如所有人类状况一样,所有教育状况可以由不计其数的自变量加以推论:与教育者群组及其成员的每个人相关的变量,与每个学生和班级群组(每个学生的心理特征、年龄、个人与家庭的经历、学校经历……;班级群组的结构:学生数量、群组或子群组的学校经历……)相关的变量,与教育状况本身(物质条件、经历、在学校中的地位)相关的变量,与将要交流的信息内容相关的变量,与信息传递和教育活动(所有称之为"教育学的"变量,方法、技术)方式相关的变量。研究的基本问题之一便是区分研究中可以放弃的变量,而为了实现这种区分,有时需要进行前期研究。

——几乎不计其数的因变量

教育状况的结果不计其数,纷纭变幻,有时不可预见。这些结果的出现或是直接的,或是短暂的、中期的、长期的。其中分析的必要性在于，分析不能限于教育状况的直接结果，因为它必定会带来之后的教育行为。教育状况可以表现于教育活动可明确预见的不同领域之中。例如，某种学习方法对于学生学习数学的进步具有效果，一种介绍科学和道德与社会变革的方法，或是青少年政策……教育状况的科学分析不能限于仅仅研究认识水平的"结果"。关注普通心理学（心理学重组、认知方面）、情感方面、社会心理方面，有时还有心理动力或生理心理学方面的结果。对于这一点或那一点的事实观察做出恰当解释是必不可少的。

——与对于教育行为具有意义的一种或多种价值系统经常的、本质上相关的状况

这一存在的复杂性加上整个教育行为或部分教育行为的事实，只能在教育状况中的价值系统关系中理解和解释：教师这样的反应或学生这样的反应，只有在与具有教师/学生关系特点的价值关联中具有意义。教育领域中的科学研究，应当认识与考虑教师为实施其教育行为所选择的目的系统。因此，我们总有必要至少是借助于双重的解释系统：一种是与最初看到的行为与直接反应相关，另一种根据教师所选择与采用的教育目标——权威教育或自由教育、以教师和知识为中心的教育或以学生和个人经验为中心的教育……

整个教育行为只能在与教育状况中的教育价值系统的关系中理解和解释：教师这样的反应或学生这样的反应，只在与具有**教师/学生关系特点的价值关联中具有意义。

二、关于教育的特殊问题

教育领域中的所有研究者面临另一个方法论的困难。由于困难源于与实践者和其他研究者的诸多争论，许多研究会突然停止。所有在班级中的教育研究都在一定时间（教育学的空间与时间）和确定的教育条件中进行：采用的方法、教师的才能、活动的开展……在我们的领域中，我们不决定规则，即可使我们宣称理想的教育条件已经实现的工具。这在某种意义上说是极为幸运的。换言之，如果教师运用另一种教育方法，另一种方式指导班级，观察到的结果不会是另一种样子吗？当物理学家或化学家进行一项观察或实验，他会保证必需的最充分条件来正确解释其结果：所用物体的无瑕性、实验步骤的完善、必须采取的防范措施……这些情况同样存在于教育吗？我们大可放心地对此给出否定回答：是否总是有更好的办法？什么时候研究者应当开展工作？何种标准可以使他宣称状况为最佳（处于当前状况和现有条件）？用一个具体事例说明我们的看法：假设一个研究者试图分析音乐教学对学生个性发展的作用。这种研究只能在儿童接受"正确的"（需定义！！）音乐教育的前提下进行。因此，人们看到研究至少有两面：首先，在接触研究者选择的主题之前，需要一种"研究-行为"类型的工作，以保证音乐教学的质量（依据何种标准？），否则，这容易受到批评：在另外的教育条件中，人们可以获得另外的结果！因此只有当条件看起来相对满足（对于教育共同体的整体），研究者可以把变量的整体按照"教育学变量"的概念加以划分。这依赖于实践

三、科学研究的新步骤

1. 再论因果关系

第三章在传统的视角中关注过原因与结果的关系。人们将因果关系视作一种简单的关系。科学思维的变革导致一种新的路线。下图显示人们对于复杂状况最简单的观察：相同的原因可以在不同地点、不同时间、不同条件产生不同的结果；实施惩罚可以引起攻击型的、屈服型的、无谓型的不同反应。无论在哪个层次，我们可以十分容易地在班级中观察到这种情况。

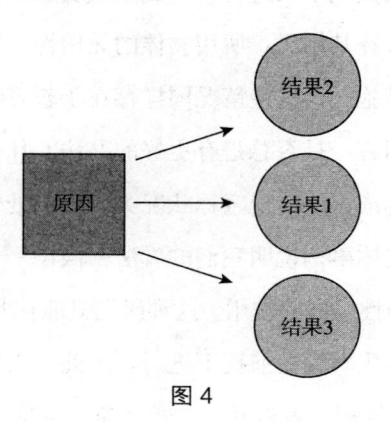

图 4

相反，研究者可以看到另外一种情况：几种不同的原因可以产生相同的结果；最简单的例证是不同的药物可以带来相同的医疗效果。

第九章 "复杂性"问题源自何处?

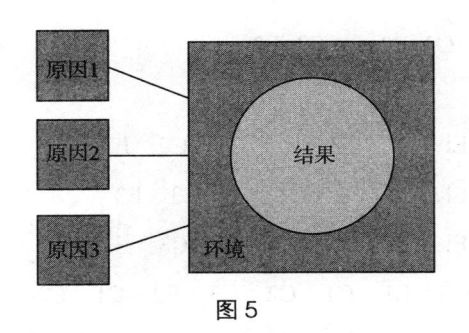

图 5

2. 研究的一般图示

因此,科学研究的普遍状况如下:人们看到不同的结果,便探寻可能的原因(如下图示)。在这里,看来求助于统计技术是必要的,以梳理纷乱的结果。实际上,需要采用统计技术来分析其关系:例如方差分析和相关性分析。人们看到不同类型的行为:一个因素的行为引起的行为,以及行为之间的相互作用:

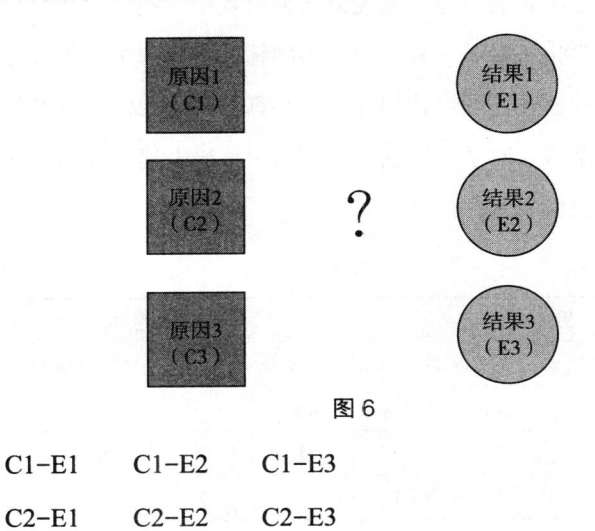

图 6

C1-E1　　C1-E2　　C1-E3

C2-E1　　C2-E2　　C2-E3

147

C3-E1   C3-E2   C3-E3

相互作用：

C1 C2 E1；C1 C2 E2；C1 C2 E3

C1 C3 E1；C1 C3 E2；C1 C3 E3

C2 C3 E1；C2 C3 E2；C2 C3 E3

C1 C2 C3 E1；C1 C2 C3 E2；C1 C2 C3 E3

这样，情况不再是研究的传统概念中的情况，人们不是在一个原因与一种结果的直接关系中进行设定（见第三章图1）。不计其数的变量（如前述）使全部情况首先被看作为整体，研究者的作用是努力建立某些原因和某些结果之间可以存在的联系。换言之，这就是对观察到的结果找到一种假定（见下文）的解释。

简单例证说明：

在一项关于某种教育方法的效果研究过程中，我们在几个星期里对初中二年级学生布置了三种不同类型的练习：与初中二年级课程相关的数学教学片、几何图形认知练习、心算练习。我们只看参加全部练习的学生的结果。对学生实施了一项关于该班上述课程问题的普通测试，其结果记录于下表：

表1

男生				女生			
影片播放		无影片		影片播放		无影片	
几何	心算	几何	心算	几何	心算	几何	心算
5	10	7	9	3	2	0	0
12	5	11	7	9	2	5	0

第九章 "复杂性"问题源自何处?

续表

男生				女生			
影片播放		无影片		影片播放		无影片	
几何	心算	几何	心算	几何	心算	几何	心算
12	10	5	5	9	7	7	1
10	9	9	7	9	5	5	2
9	3	5	5	9	8	3	6
6	5	5	10	3	0	9	5
5	1	12	7	2	2	3	6
7	5	1	9	3	9	2	3

我们可以从这些结果中提取关于以下三方面因素的信息:性别(男生/女生),通过视听方式呈现的数学概念(是/否),练习类型(心算/几何图形认知练习)。以方差分析得出下表:

表2

差变原因	d.d.l.	方差和	均方差	F	P=0.05	P=0.01	解释
基本因素							
1. 性别	1	141	141	26.1	4.00	7.08	非常显著
2. 影片播放	1	5.6	5.6	1.04	4.00	7.08	不显著
3. 练习属性	1	28.9	28.9	5.35	4.00	7.08	显著
相互作用							
1. 性别/影片播放	1	15	15	2.7	4.00	7.08	不显著
2. 性别/练习	1	170.1	170.1	31.5	4.00	7.08	非常显著
3. 影片播放/练习	1	4.6	4.6	0.8	4.00	7.08	不显著
内部差异	57	308	5.4				
整体差异	63	673					

整体平均结果在性别方面的差异十分显著,在几何练习和心算练习之间也有显著差异。性别之间的显著差异促使研究者提出教师效果的问题,即教师没有在这项研究中注意这个问题。至于相互作用,只有性别/练习中的表现显著[1]。

于是,我们处于多种原因(不同类型的教育活动)产生不同结果的状况之中。如何梳理纷繁复杂的行为,以便了解何为一种活动与另一种活动,或与另一种存在的教育因素相关的重要性?练习的属性(几何/心算)产生重要差异,正如下面显示的4种状况中每一种的平均值:

男生/几何:7.94

男生/心算:6.69

女生/几何:5.06

女生/心算:3.63

这些指示对于指导教育行为,确定教育活动何种方面应当更加强化十分重要。此类研究可以将客观上更加有争议的和更加有差异的因素替换为一种教育观点。男生和女生结果的整体差异(7.31/4.34)被更精细地分析,并以更具体的方式指出了以后的教育方向。这些研究所走的路线,我们称为新科学精神。

四、教育科学的研究步骤[2]

显然,我们不可能提供教育科学研究步骤的一个完美的、全面的

---

1 例证摘自 Mialaret (G.), *Traité des sciences pédagogiques*, t. 1, p. 176。(原作注)
2 扩展研究可参见 Mialaret (G.), *Sciences de l'éducation*, chap. 5。(原作注)

第九章 "复杂性"问题源自何处?

模型：研究者的知识与文化、创新性、对所有可能的理性假设的开放度、对质与量的认知、研究者的经历、在一种成员之间规律地交流信息的研究团队中的参与、思想……都在每项研究中打上了主导研究者的印记，同时也体现在对科学研究重要规律的尊重上，体现在研究者或其工作组的个人风格上。

我们在此仅简要指出教育科学研究中的不同阶段。

• 明确在教育情况中的基本变量。自变量、因变量和可能的中间变量。作为研究目标的变量和变量的选择，不能仅仅依赖于简单的思考或桌前的讨论。在一些情况下，事先的初步实验是必要的，以便确定从实验计划选定的变量中精选的变量数量。

• 确定评价标准。观察结果、强化的观察［丹尼尔·拉加什（D. Lagache）[1]的表述］结果、质与量的结果只有符合讨论的明确标准才真正具有意义。例如，何种概率的阈限（0.01？ 0.05？ 0.10？）可以意味着假设成立或不成立。

• 假设（可能的原因）的说明。我们前面说过变量的数量近乎无限，因此需要选择可以证实的变量，提出清晰的表述，以避免无用的争论。

• 制订研究计划。我们占有极多数量的号称"实验"的计划[2]。研究者应当根据研究的情况、类型、获取适当样本的可能性……加以选择。

• 解释标准。实验技术和统计的应用，绝不能替代研究者应当对

---

[1] 丹尼尔·拉加什（Daniel Lagache，1903年12月3日—1972年12月3日），法国精神分析学家。（译者注）
[2] 特请参见：Vandevelde (L.) et Halleux-Hendrick (J.)。（原作注）

质量的或数量的大量结果进行综合与解释的努力，以便提取"精华部分"。这就是说，根据整体结果获得每个结果的意义，反之，每个特别结果都会带来解释整体结果的细微差异。

• 发表成果。学术机构的每个成员如果不能有所贡献便不能生存。研究成果的发表之所以必须，在于以下若干理由：丰富一般科学事业，开展学术讨论（诚意的批评便十分有用），甚至在一些情况下还能重建科学领域。

因此，科学研究不能提供绝对的可靠性（正如数学所为）。它允许我们说某种假设的何种可能性可以被接受或被拒绝。但这毕竟是一种假设。

人们仍然遵循可能性而非肯定性。这十分符合新科学精神的视角。

注释：

我们将由 p 与 p 组成的物体称为 m，所有由 p 组成的这些物体可构建为组，人们可以设置的次序不可介入，就是说，它们由相同物体构建，2个组构建2个完全一致的组合。

例如：a、b、c、d 这4个字母三三组合如下：

abc abd acd bcd

通用公式如下：

$C(p,m) = m!/(p! x (m-p)!)$

引用前文的数据，得出：

$C(p,m) = 29!/(5! x 24!) = 118.755$

第十章　儿童？哪个儿童？
　　　　人？哪个人？
　　　　心理？与何相关？

在新科学精神的视角中，我们对以往的确信提出了问题，让我们最经常应用的概念通过批评的筛子过滤，并质疑我们曾经认为更坚实的成果。人文科学和教育科学领域也不能避开这样广泛的认识运动。今天我们还在探讨哪些心理特征？哪个儿童？哪个人？我们不能回避对这些基本问题的思考。

一、心理学 – 心理特征

长期以来，对于心理学的定义有着一致的看法体现在不同词典的解释中：

《大罗贝尔辞典》（*Le Grand Robert*）重提词源学：
1690 年，"显露精神的科学"。

插图版《小拉鲁斯词典》（*Le Petit Larousse*）："关于心灵、人的能力及其运作的哲学分支"。

最新版《小罗贝尔辞典》（*Le Petit Robert*）："关于人类心灵的知识，被认为是形而上学的一个部分"。

《哲学专业与批评词汇》[1]："按照通常的方法，可以把心理学定义为关于心灵或精神的科学。"拉朗德直接补充道："但这一定义不大令人满意……"，他指出了自19世纪末以来已经成为心理学的最新变化。

新方向：

《心理学词典》[2]：

心理物理学的局限"自科学心理学触及更为复杂的现象便开始显现，心理学试图澄清病理学行为的问题，或具有将动物研究纳入其领域的愿望。一种独立的主体内省和完全是语言交流的客观方法为人们所接受。这一明言的或暗含的方法论上的关注，可以追溯到世纪之交，不仅如伊万·巴甫洛夫（Ivan Pavlov）[3]等心理生理学家的工作，也如皮埃尔·让内（Pierre Janet）[4]等心理病理学家的工作，均已达到认识论上的真实变革。在这种对方法论的关注上，也凝聚着约翰·华生（John Broadus Watson）[5]于1913

1　Lalande (A.), *Vocabulaire technique et critique de la philosophie*.（原作注）
2　Doron (R.) et Parot (F.), *Dictionnaire de psychologie*.（原作注）
3　伊万·巴甫洛夫（Ivan Pavlov，1849年9月26日—1936年2月27日），俄国生理学家、心理学家、医师，高级神经活动学说的创始人，高级神经活动生理学的奠基人。（译者注）
4　皮埃尔·让内（Pierre Janet，1859年5月30日—1947年2月24日），法国心理学家、精神病学家。（译者注）
5　约翰·布罗德斯·华生（John Broadus Watson，1878年1月9日—1958年9月25日），美国心理学家，行为主义心理学的创始人。（译者注）

第十章 儿童？哪个儿童？人？哪个人？心理？与何相关？

年提出的行为主义立场，以及之前亨利·皮埃隆（Henri Piéron）[1]自 1907 年提出的影响较小的同一观点。心理学为自己指定了新目标，即实施完全客观的观察行为。"

1949 年，丹尼尔·拉加什[2]宣称"心理学统一体"，将心理学定义为行为科学。

这因此涉及自柏拉图的思维理论[3]直至布尔加德（Bourjade）[4]称作"人类精神概念崩裂"的一个漫长的变革。布尔加德从让·雅克·卢梭的立场出发，写道：

> 但是，基于哲学和直觉的本源，卢梭关于儿童的观点不仅超前于自然科学的当时状态，而且也超前于深奥的心理学，而这种心理学的真实范畴在之前很长时间里都是不可捉摸的。实际上，卢梭的观点有所收获，需要等待进化论和实证主义赋予其价值。一个理论提出了遗传的概念，另一理论提出了心理机能的概念。行为心理学首先应用于动物，然后应用于儿童，同时避免了在其研究对象中出现错误的类似预测的一切可能性。因此可以说，通

---

[1] 亨利·皮埃隆（Henri Piéron，1881 年 7 月 18 日—1964 年 11 月 6 日）法国心理学家。（译者注）

[2] Lagache (D.), *L'Unité de la psychologie.* （原作注）

[3] 关于这一主题，参见 Jerphagnon 的 *Histoire de la pensée. Antiquité et Moyen Age* 一书中有关柏拉图的精彩一章。（原作注）

[4] 让·布尔加德（Jean Bourjade，1883—1947 年），法国心理学家。（译者注）

过自体形成的偏见已根本减少，这种偏见标志出不同心理特征混杂的主要概念的地位。而现代研究，或是研究低级社会的人种学家，或是研究病态意识的精神病学家，或是研究儿童的教育学家，都是以实证方式致力于其研究。

因此，在19世纪与20世纪之交，认识论上的重大转折是作为"心灵科学"的心理学转变为"行为科学"的心理学，并开启了现代心理学之门。在半个世纪之后，认识论上的同样转折，是由（规范学科的）教育学向（解释学科的）教育科学的过渡。"心理"的新地位便建立在与"新的心理学家"、哲学家、历史学家、社会学家、考古学家、精神病学家、生理学家的工作的关系之中，建立在自然科学变革的模式之上，并考虑到了我们在前一章所说的科学革命。所有这些都需要探讨与证明。

心理学功能的历史

人类精神概念的崩裂，伴随着历史学家和哲学家对于如何表现过去，以及对于几个世纪以来历史状况感知方法的坚实思考。马鲁（Marrou）[1]、费夫尔（Febvre）[2]、阿利埃斯（Ariès）[3]、梅耶松

---

[1] 亨利-伊雷内·马鲁（Henri-Irénée Marrou，1904年11月12日—1977年4月11日），法国历史学家。（译者注）

[2] 吕西安·费夫尔（Lucien Febvre，1878年7月22日—1956年9月11日），法国历史学家。（译者注）

[3] 菲利浦·阿利埃斯（Philippe Ariès，1914年7月21日—1984年2月8日），法国中世纪史史学家。（译者注）

第十章 儿童？哪个儿童？人？哪个人？心理？与何相关？

（Meyerson）[1]、普罗斯特（Prost）[2]、勒利艾弗尔（Lelièvre）等人的著作使我们有所注意：

引自梅耶松[3]：

> 这一立场将对立于永存论的教条：对于精神的功能及类别具有不变特点的笃信。当然，这一信念本身是重要的心理行为，因此不能忽视。在这里，需要看到两个方面。首先是在变化中存在某些持久性因素的研究，有着建立中止点、联结点的趋势，建立持续与永久的趋势……被看作永恒不变的心理学类型的建立，便是这一精神持续物的构建的一个方面。这一精神倾向又与另外一种态度重合，使那些通常应当作为制造物的东西保持不变：心理学研究的材料、题目、因素。科学均创造物体。但这些物体随着研究而变化，对于自然科学也是如此。至于精神行为，由于惰性，由于信息不足，由于抽象习惯，人们不做客体批评。人们明言地或暗含地接受这种精神分类在某种意义上与人类同体，永恒不变。这种分类被赋予共同的意义，包括哲学的与心理学的意义。而物质生活、社会生活、对事物的认知、精神生活，则普遍在不停地

---

1 伊尼亚斯·梅耶松（Ignace Meyerson，1888年2月27日—1983年11月17日），波兰裔法国心理学家。（译者注）

2 安托万·普罗斯特（Antoine Prost，1933年10月29日— ），法国教育史学家。（译者注）

3 Meyerson (I.), *Les Fonctions psychologiques et les œuvres*, Paris, Vrin, 1948. pp.120-121.（原作注）

转变……

在这里，我们预知到一种反对意见。可能有人会告诉我们：人们能够理解和感受我们思维与感知方式的差异吗？

说我们只能理解与我们思维习惯方式一致的东西并不完全正确。智力行为意味着某种反作用力，因此会有所不同。每当我们认识一个新事物，需要我们付出一些努力去思考，我们的思想由此有所变化。人们甚至可以说，每当我读完一本书，我便是另外一个人。对于感知，对于人类交往，对于理解他人也是同样如此。

引自马鲁[1]：

另外，历史知识，作为人类知识的特殊方面，基本上是变动的，并且永远是暂时的。我们关于人的思想，关于世界和生命的思想总是在不断地变化：不是要把历史的主题定期地按照正确的方向重新校正，而是整体的观点随时间而改变。

引自普罗斯特[2]：

对于过去事实的称谓，人们通常在当时的语言中找到适当的

---

1 Marrou H.-I., *Histoire de l'éducation dans l'Antiquité*, Paris, éd. du Seuil, 1948, 1965. p. 17. （原作注）

2 Prost A., *Douze leçons sur l'histoire*, Paris, éd. du Seuil, 1996. p. 117. （原作注）

第十章 儿童？哪个儿童？人？哪个人？心理？与何相关？

概念。但是，也存在历史学家借助于当时国外概念的情况，这在他看来更为合适。人们知道围绕旧制度社会存在争议：是秩序的社会或是阶级的社会？是否需要它自身采用的概念来思考，而这些概念已经不再适合18世纪当时的现实，或是根据后一世纪在法国大革命期间或更晚时期制定的概念来思考？

以当代的概念去思考过去，人们容易将时代搞错位。在思想史或精神史领域，危险尤其大。吕西安·费夫尔在其对拉伯雷的研究[1]中指出，16世纪的众多无神论甚至是无信仰的概念，构成了重大的时代错位。然而，诱惑会不可避免地重现，因为历史学家首先根据其时代的概念提出问题，而他们这样提出问题的做法自其生活的社会已经开始。我们看到，历史学家的问题在当代和个人特点上根深蒂固，而保持这二者距离的工作，作为必要的平衡力，确切地说始于对概念的历史真实性的证明，以及对问题的思考。

因此，心理特征在整个人类层面并非是永恒的、不变的、在任何时期和任何地点都一致的。所有历史学家都同意这一点。处于个体层面的遗传心理学的观点，为我们开启了另一种视角。如果17世纪的人（"良知是人间分配得最均匀的东西"[2]）具有相当接近于我们的心理学机能，这些人对于物的行为便与我们今天所知迥异。相反，作用

---

1 Febvre (L.), *Le Problème de l'incroyance au XVIe siècle*. （原作注）
2 Descartes (R.), *Discours de la méthode*. （原作注）

于不同物体的机能，具有不同于今天的机能所具备的特征。

阿利埃斯所指出的关于17世纪的家长在失去孩子时的表现的例证，显示出其与我们当代不同的反应。

> 人们没有注意要保存一个儿童经历的形象，或是成长为人，或不幸夭折。在第一种情况中，童年没有经历什么大事，没有任何事情保存在记忆之中。在第二种情况中，儿童夭折，人们只想到这个小东西去得太早而不值得记忆，而有太多的记忆是生存如此不易！长时间存留的强烈感受是生育好几个孩子却只有一两个能够记起。还是在17世纪，在产妇叫喊的小巷里，一个邻居，法院审查官的太太，对这个生了5个"小坏蛋"的妇女的担忧进行安慰："他们以前的状况是给你许多阵痛，你可能会失去一半，也许是全部。"多么奇怪的安慰！不能对可能是垃圾的东西过于关心。这些词语的解释使我们感到惊奇，正如蒙田所言："我失去两个或三个吃奶的孩子，不无遗憾，但不会失去和睦"，或如莫里哀在谈到《无病呻吟》中的路易松[1]时所言："小的不算数。"共同的观点如同蒙田，"不再认识他们，也不会在心灵中经过，更不会在身体中有形可辨"。[2]

1　路易松（louison）为法国剧作家莫里哀喜剧《无病呻吟》（Malade imaginaire）中的人物。（译者注）

2　Ariès (P.), *L'Enfant et la vie familiale sous l'Ancien Régime*. （原作注）

第十章　儿童？哪个儿童？人？哪个人？心理？与何相关？

这些价值系统并非与我们的价值系统一样，这些感受也与我们今天的感受有所不同。笛卡尔时代的人与柏格森和巴舍拉时代的人不会有完全同样的心理特征。巴舍拉这样阐释其思想：

> 概念之间的理论关系，不仅改变概念的定义，而且在定义的改变中改变它们的相互关系。以一种更为哲学的方式看，人们可以确定当思维在其客体中变化时，也改变了其形式。也许有一些知识看起来永恒不变。因此人们相信，内容的不变性在于"容器"的稳定性。人们相信理性形式的持久性和新的思想方法的不可能性。然而，结构的形成并非堆积，不变知识的整体并不具有人们想象的那种重要机能。从根本上说，如果人们接受科学思想是一种客观化，就应当得出这样结论，即校正与拓展是科学思想的真正活力。这便是思想的动态史所写就的。

二、在时间进程中的儿童和人是同一的吗？

因此我们不能再接受人类精神状态时空一致的概念这种教条，也不能陷入根据与哲学的或政治的概念相关的价值系统划分精神状态等级的意愿之中。新近的历史为我们提供了悲哀的与痛苦的例证。应当细致地、客观地追踪儿童的变化，以探寻其个性发展之路。关于这一点，瓦隆的工作和态度及严谨的方法，为我们提供了转变我们对于主体变化和差异的观点的信息与知识。

几百年来，人们认为儿童不过是矮人和缩小的成人。一些人质疑这种断言，但直到让-雅克·卢梭，他的宣告才在当代思想中激起回响，这就是爱德华·克拉巴莱德称作的"真正的哥白尼革命"。

> 儿童具有自己独特的观看、思想、感知的方式，最不明智的是以我们的方式来替代儿童的方式。我更乐于见到一个儿童在10岁时身高5尺[1]，同时具有与此年龄相符的判断力。[2]

但是，根据这个震撼而完全正确的论断，如何解释儿童的变化和我们当代人承认的今天的儿童与50年前的儿童不完全相似的事实呢？亨利·瓦隆带给我们解答问题的宝贵元素。而事先对一些关于思想运动的回顾是必要的。梅耶松、巴舍拉（见前引文）曾经指出，无论在历史方面还是在普遍的和科学的方面，都不可能完全割裂与客体的作用。只有正确地分析儿童不同的初生机能及其与周边（家庭的、社区的、技术的、社会的……）环境的关系，才能理解儿童的心理特征如何根据时空构建[3]。

瓦隆不把活生生的主体看作机器，即使是完美的机器和用纯粹机械主义的决定论理解一切、解释一切。

---

1 法尺（pied），法国古长度单位，相当于325毫米。（译者注）
2 Rousseau (J.-J.), *Emile*, p. 108.（原作注）
3 Naville (P.), *Théorie de l'orientation professionnelle*, Paris, NRF, 1945. p.178："绝不要丧失这个观点，即社会环境如同生物的、生态的、地理的环境，对于人也是自然的。说实话，人广泛依赖于社会环境。"（原作注）

第十章 儿童？哪个儿童？人？哪个人？心理？与何相关？

有机体的生命是一个整体，其整体性包含机能的差异，而且是有条件的差异。每一次专门化的进步都是对应其有机统一体的进步。因此无法想象以一个系统的活动排斥另外的活动，并以更强有力的理由将同一系统的活动分割成独立的碎片。[1]

如果瓦隆真正认为，精神运动与一切发动者即运动相关，就需要充实运动的概念，以避免其停留在基本的机械层面。而瓦隆区分了几种不同形式的运动：

精神运动的三个大路径被这样确定，它们都在不停地相互作用，其一路径趋向于同另外的两个路径相联，另一条路径趋向于同世界相联，再一条路径趋向于对一切状况做出个别反应。在第一种情况下，这是"社会生物混合体"的儿童的全部情感问题；在第二种情况下，便是行动向思想的转变；在最后一种情况下，则全是心理动力综合征的研究。

另外，瓦隆发现并探讨了动力功能的两个方面：

一是与外界的联系与交流，二是主体的吸收与执行。这二者

---

[1] 人们可以在《为了新时代》（Pour l'ère nouvelle）1966 年 1—3 月刊《亨利·瓦隆：方法论及其著作的若干心理学侧面》的文章中看到对亨利·瓦隆观点的概述。（原作注）

可以换位,且不会改变情境的具体条件。

正是这样辩证的论证使我们需要通过生活的简单事实捕捉到一个主体的不断变化的全部心理资源。这个论证可以使我们理解为何人类代代相承而又互不相同。生命体生活在由家庭、社区、技术进步、社会生活和社会经济所构建的环境之中。每个儿童都生活在具体的环境之中,工人的孩子生活的环境与富裕家庭的孩子就不相同(更不论比一般富裕家庭更富有的家庭!)。为了重新把握瓦隆的观点,需要理解生理上的变化(特别是神经系统的髓鞘化)使儿童成长在某些层次上出现某些关联类型:观看、触摸、吮吸、聆听……这些关联并不是中性的:它具有自身的功能(见瓦隆的游戏理论)并能使功能完善。而这种完善又可以使其具有与环境建立新关联的功能。环境的丰富性水平相当于功能进步的不同水平,于是,(家庭的、技术的、社会的……)环境逐渐融入主体的心理之中。这一生理学与环境的辩证论证,成为个性形成的重要因素。经历不同,故心理不同,行为也不同。由于不同的环境特点,儿童也不同,一代又一代的主体也不同。家庭环境的情感丰富性,无论其社会文化水平如何,都是个性形成的基本因素。当前的消费社会,以其玩具、"小玩意儿"、新鲜的电子设备……为心理发展提供了发展与形成的新场域。在商业层面,所有基于信息化的玩具开发和儿童对于利用玩具的乐趣,是当前儿童心理构建的元素之一。多少家长(和教师)发现儿童使用电脑比他们更熟练?因果关系不再必然是如20世纪20年代要求儿童的那样,需要通过体力才能

第十章 儿童？哪个儿童？人？哪个人？心理？与何相关？

实现；只要按一下按钮便可以获得期望的效果。体力的优势已让位于工具。

重新提及瓦隆的概念，人们还可以发现运动机能不仅仅指向外部世界。行动，即行动是对应于世界的，此言不错，但同时这也是自我转变。行为烙印于个性之中，可以向主体显露未知的感觉。重复做数次同一行为和同一事情的儿童，不能与机器相提并论。机器为人所用，而主体则相反，其行动时便自我发展、自我充实。换言之，"正在显露的机能首先表现出除了自身而无其他目标的特征"。然而，动作并非无用，正是由于这些无缘无故的活动，儿童得以充实，探索成长过程中具有的各种可能性，细化其反应，精炼其感受。未按照瓦隆思想行事的主体，便不能正常发展，因为渐进的融合是枯燥乏味的，达不到机能发展的最佳点。正如克拉巴莱德所言，儿童需要首先以另一种形式，做一个可以好好长大成人的儿童。亨利·瓦隆以精神运动的论据为支撑，重新提出了同一观点。

对于亨利·瓦隆来说，运动机能是智力生活的源头之一。动作承担行为表现变化的最重要的作用。从振奋（tonique）功能的视角看，动作是情感传递的要素，是参与社会生活的一种方式。从阵挛（clonique）功能的视角看，动作开启了智力活动之路。因此，动作的作用在表现的呈现方面十分重要。瓦隆说，行动最初混杂于外部现实[1]，而要理解这一现实只能通过趋向于它的行动。行动的雏形一点一

---

1 Wallon (H.), *De l'acte à la pensée*, p. 131.（原作注）

点地脱离物体与状况，"对物体的记忆完全缺失，只有姿态续存"。因此，姿态的首要功能是使呈现的物体消失，并取而代之。姿态稍后成为"形成通过其他途径难以形成的相似性的方法"，儿童的最初分类常常与姿态相关，通过这些姿态实现儿童的分类。儿童的活动构成智力生活的前奏曲，智力反过来控制并越来越适应情境对行动的要求。

我们已从阵挛的角度看运动行为，现在我们从振奋的角度去发现情感在个性变化中的整体作用。情感是一种参与形式：

> 情感具有一种由此向彼传播的表达功能，决定着所有一切流泪、欢笑、恐吓、暴力或惊恐的行为。它的强大侵入力使其表面特点与整个无意识行为融为一体，而同时具有动力性与植物性特点的无意识行为构成情感的多样性。（见前书第139页）

正是这一情感使幼儿与外部世界建立最初的联系，并表现为母亲与孩子之间融洽的微笑。自此开始，儿童带着情感生活在社会环境中，并以情感进行交流。在这里，人们还可以在交流中看到同样动力，幼儿显露情感（例如微笑）以回应或不回应成人的微笑，情感交流的功能得以发展或得以强化。所有这些取决于母亲与家庭对幼儿的关怀措施。由于不同的社会环境，不同的情感变化，儿童以后的行为也会有所不同。为深入分析这点，我们需要考虑所有社会变化，特别是家庭的变化。儿童的发展由于生活在完整的家庭、单亲的家庭、重组的家庭、两个母亲或两个父亲的家庭而有所不同。

第十章 儿童？哪个儿童？人？哪个人？心理？与何相关？

因此不必惊奇，某些成年人将今天的孩子同他们那一代的孩子相比，宣称看不懂今天的孩子。家庭与社会生活，技术与经济生活特别迅速的转变，使今天儿童的生存条件完全不同于 50 年前儿童的生存条件。人们十分清楚地看到，今天的儿童具有运用新交流手段的多种可能性。对于这一主题，皮埃尔·纳维尔（Pierre Naville）[1] 的分析，尽管说得早了些，但仍很中肯。

能力问题 [2]

皮埃尔·纳维尔对于职业导向进行了精彩的批判分析，强调职业环境结构对于决定能力所强加的确定作用。以下引文表明其立场与思想：

> 在 1932—1937 年期间，劳动力市场部分地或全部地表现为失业增长的特点，特别是在一些制造加工领域（机械、纺织和建筑及其他行业）。结果是职业导向的任务在劳工部诸多通令中官方的表示是，引导青年从"诸多"行业转向其他行业，即基本是转向农业和手工业。同时，人们逐退外国劳动者，拒绝妇女进入生产领域，决定延长学校教育，考虑对失业者重新分类，等等。
>
> 接续时期：第二次世界大战的酝酿与爆发：1937—1939 年。国家保护工业增长，重新分配劳动力并促进冶金生产。于是，人

---

[1] 皮埃尔·纳维尔（Pierre Naville，1903—1993 年 4 月 23 日），法国超现实主义作家与社会学家。（译者注）

[2] Naville（P.），*Théorie de l'orientation professionnelle*.（原作注）

们提出职业导向是让学徒工接受速成培训。技术教育司明文规定职业指导者应转变为战时工业即主要是各种形式的冶金工业的选拔者。用于失业者分类或临时充当农业劳动者的测试，应当服务于识别钳工和车工。移民妇女的职业由缝纫和速记转变为运输和机械，等等。

倒数第二时期：休战之后（1940年6月），根据希特勒[1]和贝当[2]的指令，法国的"使命"变成农业与手工业。职业导向便是让青年去种地，当手工学徒，阻止他们去冶金行业工作。飞行员或无线电技术员的能力应当转变为手工艺和生产替代品的能力。[3]他在第23页作出结论："职业导向的实施忠实地遵循来自统治阶级要求的经济必需。"

皮埃尔·纳维尔间接地重新站到亨利·瓦隆的立场，说明心理的形成不能脱离于主体的生存条件。新的社会与技术条件与不同的心理形成相适应。当代青年不同于我们在他们的年龄时所认识的青年。这便是代际之间的不理解。这种不理解迅速展开，成为社会特别多变的条件。在这里，冲突不仅在家庭层面发生，同时也在学校层面有所表现。

---

[1] 阿道夫·希特勒（Adolf Hitler，1889年4月20日—1945年4月30日），德国政治人物，纳粹党领袖，1933年至1945年担任德国总理，1934年至1945年亦任纳粹德国元首。（译者注）

[2] 亨利·菲利普·贝当（Henri Philippe Pétain，1856年4月24日—1951年7月23日），法国陆军将领、政治家，法国维希政府的元首、总理。（译者注）

[3] Naville（P.），*Théorie de l'orientation professionnelle*. pp. 24-25.（原作注）

第十章 儿童？哪个儿童？人？哪个人？心理？与何相关？

而在学校层面，问题更为棘手，因为教师（在其青年时期都是相当好的学生）经常将当前的学生想象为他们自身曾经的形象，差距与不理解由此产生。当前青年的兴趣由于交流的方式（特别是互联网、电视）而加强，而之前（无收音机、电视、互联网）的几代人则对此完全陌生。今天的儿童与少年将去重新发现他们的丰富性，发现自己与他们长辈的差异。

第十一章　对第一章的回应

在物理学上，经常由于在不同现象之间所建立的密切相似性而取得重大进展，但表面上这些不同现象之间无任何联系……我们经常看到一个科学分支中创立与发展的思想随即如何在另一分支中获得成功。[1]

为了阐明对前几章目标的思考，我们尝试得出了几行文字的结论[2]。

在几个世纪期间，笛卡尔手把手地把我们的思想引导至科学框架之内，而之前的科学曾经由机械论所主导。因此需要彻底简化，并从我们极易理解的简单思想出发。但教育学不在其中。这些简单思想可以变得复杂。"笛卡尔的方法是演绎的，但绝不是综合的。"[3] 全部物

1　Einstein, Infeld, *L'évolution des idées en physique*, p. 291.（原作注）
2　为了叙述方便：自然科学是所有不以人为研究目标的学科（物理学、化学、自然科学、天文学、地质学……）；人文科学包含所有以人为目标的学科，人的历史及其活动、人类社会。（原作注）
3　Bachelard (G.), *Le Nouvel Esprit scientifique*, p. 138.（原作注）

第十一章 对第一章的回应

理学可以简化为图形和运动，应当去掉物体的特点。可以说，个人是由社会保险的号码确定。但这一想法与教师的观点不相容，教师面对的是有血有肉的生命体，个体具有部分地决定其个性的个人经历，极少具有完全相同的心理特征和体貌。笛卡尔主义不可能成为人文科学的基础哲学。帕斯卡尔已经在其《思想录》[1]里写道："笛卡尔，不仅无用，而且还不确定"。他已指出这一理论的弱点[2]。

机械论见于笛卡尔、牛顿、开普勒等人的理论著作中，可以在"t"时代认识世界的现状，可以在"$t+a$"时代知晓世界的未来。它因此把个人生活和世界生活嵌入僵化的框架之中，在其中创新、发明、科学发现和灾难被强制地排除。我们远离了存在主义！与机械论在一起，人们将确信再确信。现代科学理论将颠覆这些思想，正如我们在第四章所看到的那样，我们对世界的认识不过是可能的认识。这是思想领域的根本革命！如果我们再提起著名的"海森堡不确定性"，如果不能改变世界便不能认识世界。那么何为研究者神圣的客观性呢？更简单地说，街头的平常人相信向他的感官呈现的东西是现实中可以准确再现的吗？爱因斯坦和巴舍拉共同确认："从此，如果我们足够精细地观察世界，就是说达到原子水平，其真实存在状况部分地依赖于我们观察的方法和我们所选择的观察点。"教师的基本职能是与他所认

---

1 《思想录》(*Pensées*)，法国思想家帕斯卡尔的哲理散文集，首次出版于1670年。（译者注）

2 Brunschvicg (L.), *Pascal, Blaise / Opuscules et Pensées*. 此引文的背景并不与我们的完全相同：它主要是导向上帝的存在，但也表明了帕斯卡尔对笛卡尔方法的保留态度。（原作注）

为非常了解的活生生的生命体交流，完全面对这种根本转变。人们看到教师在班委会中倾听不同教师对同一学生的意见。全部感知，不过是感知材料的解释，却是对我们的个性提出的全面质疑。这对于自然科学和人文科学同样有效。我们的解释依赖于我们有意识或无意识所采用的参照系统。相对论在这一方面提供了基本思想。我们所有的判断都是相对的，都只能通过更普遍的价值系统的参照系加以解释。自然科学还是人文科学？旗鼓相当。自然科学或人文科学强加给我们一种判断标准的意识，即我们必须从我们的参照系统中获得必要的解释。这一元认识（métacognition）的步骤应当成为所有人文学科教育的惯常部分。

读过一些引文之后，人们可以相信，物体对于自然科学，个体或群组对于人文科学，不能从其之间存在的关系来看待。如果忘记爱因斯坦强调场的概念的重要性（见第六章），这种解释便显得荒唐：

> 在麦克斯韦理论中，没有物质的作用者。这个理论的数学方程式表达了支配电磁场的规律。这些规律没有像牛顿规律那样把相距甚远的两个现象联系在一起，也没有把此处的波与另一处的条件联系在一起。场在此时此地依赖于直接邻近的、直接瞬间的场。（见前书第163页）

在稍后几页，他补充道："这是对两个负荷之间的场的描述，而不是对负荷本身的描述，这样描述主要是为了理解负荷的作用"（见

第十一章 对第一章的回应

前书第 168 页）。我们不仅在自然科学上，而且在人文科学上坚持场的概念的重要性，它在教育科学和教育学上同样十分重要。面对群组的教师，同时面对个体的群组和群组中所有个体之间、群组与其本人之间一系列的相互关系。这是上半个世纪显著发展起来的社会心理学的领域之一。

在这里，人文科学的双重复杂性（主体同所有与物理的和人文的周边环境形成的关系）又处于固体物理学和相对论物理学的双重复杂性。根据研究者的认识水平，人们转向物体研究，并遵循经典的物理学法则，或转向无限小或无限大研究，并参照现代科学理论（相对论和量子论）。在人文科学领域（心理学、教育学或社会学），人们关注个体研究，这便是深层意义的传统心理学范式，或从事关系研究，这便是统计心理学所包含的范式。这样便有必要借助于最先进的统计技术（特别是数据分析、相关性分析、矩阵计算）。在这两种情况下，需要在不同研究领域中具有同样的科学态度。

由此看来，过去的实验式方案有些简单，以下引文便是一位实验教育学之父对此的验证[1]：

> 人们选择两个并行的班级，或是将儿童插入重组的班级，或简单地根据分数重新编班。这就构建了大体相当的两个群组，例如让在之前的排序中的一部分儿童占据偶数的位置，另一部分儿

1　Simon (Th.), *Pédagogie expérimentales*, p. 14.（原作注）

童占据奇数的位置。然后实施一种特殊的训练，即在两个群组的一个选择这样或那样的实验学科，而在另一群组仅仅实施惯常的教学。一组与另一组不同的结果体现出不同方法产生的效果的可比较的差异。

事实上，唯一的变量是：实验因素！因此，泰奥多尔·西蒙（Théodore Simon）从机械论的角度来提出一个观点，我们将这种观点笑称为台球物理学：我有一颗球，我用它去碰撞另一颗球，观察它们碰撞后的结果，而不管主体的任何特点和它们任何的相互关系，所有主体仅仅被标注为数字。用更严谨的话说，人们忽视了何为确切的自变量，何为确切的附属于经验的变量。此外，人们既不知道"实验活动"因素的科学特点，也不了解操作者的特点（见加斯东·巴舍拉的引文）。在人文科学领域的新科学精神在于，在制订实验计划之前，清点所有变量（必要时参考先前的研究），需要考虑这些变量应尽可能密切地接近现实，以及具有关于这些变量最可能的认识。自然科学和人文科学在赋予我们认识的可能性的方面是一致的。

我们当前的科学范式终结了对于过去几个世纪的思想者十分宝贵的连续性范式。进展、阶段、倒退、中止……无论在个体层面，还是在集体层面，或是在历史事实层面，都是观察活动最常见的部分。量子论帮助我们更好地理解并接受学习过程、学习主体、学习现象等变化中明显的不规律性。关于变化的现代研究为我们提供了关于这些现

第十一章 对第一章的回应

象的补充信息。本书前文常引用的亨利·瓦隆的著作中关于髓鞘化现象和新的精神运动功能在幼儿身上体现的论述，为我们提供了解释观察到的人类行为的新钥匙。再深入看看其他领域，人们会迅速发现当前的技术问题，特别是在社会与政治领域、转基因领域的技术问题！在新科学精神的视角中，如不改变整体设置，人们不能触及时空之中的场之一点。我们不用列举那些之前发现的教育学措施，读者可以轻松地发现它们。

人们不能忽视技术的巨大进步，这些进步不仅从物理学，还从信息学中"实现"现代科学思想，还扰乱并改变了我们人文的、社会的、大气的环境[1]。第十章关注分析主体与其承继的环境的关系，以解释"代际差异和代"。无论是人类属性概念本身的理解还是对它的延伸，都需要用新科学精神的批判精神重新思考。我们当前生活的时代可以同文艺复兴时代相比较，正是文艺复兴使中世纪的西方转向现代。我们现在所生活的后现代文明[2]，长期为人所津津乐道。如果人们忘记这个时代，那么信息通信技术（TIC）会让我们将它记起。而在所有这一切之中，会是教育的《百科全书》[3]吗？

很明显，后现代教育应当对应于现代文明[4]。学校依然太过类似于

---

[1] 例如，可以看到诸多反对"波"的怨言，因为它会引起这样或那样的严重疾病，还有人反对对脑部操作某些器械，因此举有危险性……（原作注）

[2] Pourtois (J.-P.) et Desmet (H.), *L'éducation postmoderne*. （原作注）

[3] 《百科全书》（Quid），法国著名的年度单行本百科全书，出版发行于1963—2007年间。"Quid"是拉丁文，意思是"什么"（译者注）

[4] 但这绝不意味着抛弃过去。教育总是与过去、现在和将来相连。（原作注）

阿兰（Alain）[1]所称的"小索邦[2]"，因此克罗斯（L. Cros）[3]以及其他许多人都说，"学校不应当再是个小礼拜堂，而应转变为实验室"。这些话语是回应爱德华·克拉巴莱德几十年前所说的话："所有课程基本上都应当是一种回应。"在探究这一问题时，人们可以很快发现加斯东·巴舍拉关于理论与实践的辩证观点。米歇尔·法波尔（Michel Fabre）[4]在其书[5]中的一章以此为标题：科学精神对抗思想的教条主义形象。米歇尔·法波尔在下段文字中清楚地概述了巴舍拉在此领域的观点：

> 在知识的社会表现中，思想的教条主义形象超越了辨别真理与谬误的意义，知识的价值似乎降低为参照的价值。于是，思想的教条主义形象便极端地分裂为脱离任何背景的主张，而这些背景却具有参照意义。思想的教条主义形象同样赋予回答优先权，仿佛思想与问题本身毫无联系，或与提出问题和构建问题的方式毫无联系，还仿佛这些问题必须由另外的什么来确定，在大师的书中，在游戏操纵者的筹码中，甚至在全民公决中。（见所引著

1　阿兰（Alain，1868年3月3日—1936年6月2日），真实名字为埃米尔-奥古斯特·夏蒂埃（Émile-Auguste Chartier），法国哲学家、教育思想家。（译者注）
2　索邦（Sorbonne），索邦神学院，巴黎大学前身。（译者注）
3　路易·克罗斯（Louis Cros，1908年7月30日—2000年1月3日），法国教育学家。（译者注）
4　米歇尔·法波尔（Michel Fabre，1948—   ），法国南特大学教育学教授。（译者注）
5　Fabre (M.), *Bachelard éducateur*, chapitre VIII.（原作注）

第十一章　对第一章的回应

作的第 106 页）

具体/抽象、理论/实践等二元论可以参照巴舍拉的观点，在新科学精神的视角中辨析。对于巴舍拉来说，所有科学知识"由于其认识论和教育学特点而具有教育价值"[1]。我们已经远离无事先经验参照的讲授课，或切片香肠式的知识（专业学科）的讲授课，从而得以更好地组织教育活动，更好地利用每个班级的时间。我们所有的教育制度、教育内容、教学方法都需要重新思考，不仅是改善若干具体点（我们不客气地称之为"贴膏药[2]"），而且要把所有问题一件一件地清点，寻找不断变化的、特别是迅速变化的社会之中教育制度的地位与新作用提出的所有新问题的新的解决办法：新的作用与机能，建立可以协调决策的价值系统，构建一方面考虑到历史的、地理的、文化的必然性，另一方面考虑到社会需求的变化的教育内容的系统。在我们看来，所有这些已经概括地存在于"新教育国际联盟[3]"的纲领之中：

> 教育在于尽可能地、全面地促进每个人能力的发展，每个人都应被视为独立个体和统一社会中的成员。教育不能脱离社会变

1　Bachelard (G.), *Le Rationalisme appliqué*, p. 65.（原作注）
2　原文为"rustines"，意为补自行车内胎用的、有胶膜的小块圆形橡皮（商品名）。（译者注）
3　新教育国际联盟（Ligue internationale pour l'éducation nouvelle），1921 年由约翰·杜威、奥维德·德可乐利、让·皮亚杰、玛丽·蒙台梭利等国际著名学者在法国加莱成立。（译者注）

革，教育还是决定社会变革的力量之一。

因此，教育目的及教育方法应当随着科学与经验扩大我们对儿童、成人和社会的认识而经常性地修正。

科学经历了重大革命：哥白尼革命、进化论、相对论、量子论，还将有其他革命出现。教育领域仍在期待革命。1530年由弗朗索瓦一世（François Ier）[1]创建的法兰西学院[2]曾是解放当时桎梏下的大学知识的最早机构。法国大革命时期提出的诸多计划未能来得及实施。其他国家也曾有勇气参照科学研究及其发现调整其教育系统[3]。新科学精神进入教育领地却举步维艰。

由于历史的、思想的原因（只要想教书便会教书），社会的偏见（"教书匠"是一无所知却什么都会教的人），教师培训领域是抵制新科学精神渗入最强烈的领域。显然，教师（所有教师）培训的组织与教育系统的改革相关。教师培训组织（如是官方组织）常常与往日存在的学徒培训相类似：工作现场，师父在身边指导其技能。这就忘记了理论与实践所构建的不可分割的二元论，忘记了思想/行为/探索的三角模型适用于所有教育情境（见下图）。

1　弗朗索瓦一世（François Ier，1494年9月12日—1547年3月31日），法国国王（1515—1547年在位）。（译者注）

2　法兰西学院（Collège de France），法国历史最悠久的学术机构，由法国国王弗朗索瓦一世（François Ier）创建于1530年。（译者注）

3　在 Lettre pour l'éducation, n° 464 du 20 avril 2005 之中，我们可以看到欧洲教育改革的全貌。（原作注）

第十一章 对第一章的回应

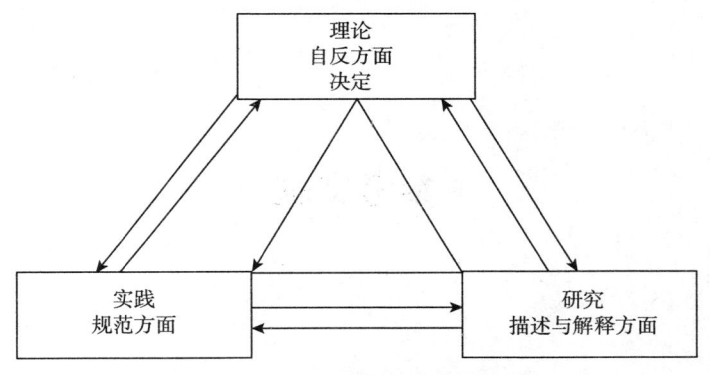

```
        理论
       自反方面
        决定
       ╱     ╲
      ╱       ╲
   实践  ←→   研究
 规范方面    描述与解释方面
```

现论/实践/研究三角模型图

没有任何不参照某一赋予行动以意义的价值系统的教育，这便是"为什么"的问题；也没有无整体方法与技术的教育，这对应于"如何"的问题；更没有缺少可以在任何时候使现状与探寻之点共同宣称的价值和可能的技术相一致、与教育行动的新途径相一致的整体科学研究的教育。始终不渝地坚持思想、行为、探索三个因素的联系，是将新科学精神引入教育领域的基本前提。

新科学精神不仅属于自然科学，而且也属于人文科学。这是一种应用于不同领域的新思维和新步骤。科学每一部分的特殊性并不成其为不可比较的两个领域。这便是我们试图阐述的思想。研究者不能完全封闭于其自身特性之中，而是应当向科学界的所有新领域开放，永远处于新科学精神的视角之中。实际上，研究者的广博文化知识才应当是其最首要的专业知识。

#　参考文献

AFIRSE, *Le Temps en éducation et en formation*, Lyon, AFIRSE, 1992.
Ardoino J., *Le Temps dénié dans (et par) l'école*, AFIRSE, Colloque Lyon, 1992.
Ariès P., *L'Enfant et la vie familiale sous l'Ancien Régime*, Paris, Plon, 1960.
Augustin (Saint), *Abrégé des Confessions*, Paris, Presbytère Saint-Augustin, 1857.
Bachelard G., *Le Rationalisme appliqué*, Paris, PUF, 1949.
—, *Le Nouvel Esprit scientifique*, Paris, Alcan, 1934.
—, *Le Rationalisme appliqué*, Paris, PUF, 1970, 4e éd.
—, *L'Activité rationaliste de la physique contemporaine*, Paris, PUF, 1965.
Bernard Cl., *Introduction à l'étude de la médecine expérimentale*, Paris, Delagrave, 1865.
Binet A., *Les Idées modernes sur les enfants*, Paris, Flammarion, 1909.
Bourjade J., *L'Intelligence et la pensée de l'enfant*, Paris, F. Alcan, 1937.
Brecht B., *La Vie de Galilée*, Paris, L'Arche, 1955.
Brunschvicg L., *Blaise Pascal. Pensées et opuscules*, Paris, Hachette, 4e éd., 1897.
Buhl M. A., *Nouveaux Éléments d'analyse*. Calcul infinitésimal, Géométrie, Physique théorique, Paris, Gauthier-Villars, 1937.
Buyse R., *L'Expérimentation en pédagogie*, Bruxelles, Lamertin, 1935.
Carrel A., *L'Homme, cet inconnu*, Paris, Plon, 1954.
Chevrolet D., Le Calvé G., Influence de la présence d'un observateur sur le

comportement scolaire d'élèves de l'enseignement élémentaire, *Revue française de pédagogie*, n° 31, avril-mai-juin 1975.

Claparède É., *Psychologie de l'enfant et pédagogie expérimentale*, Genève, Kinding, 5ᵉ éd., 1916.

Decroly O., Buyse R., *Introduction à la pédagogie quantitative. Éléments de statistique appliqués aux problèmes pédagogiques*, Bruxelles, Lamertin, 1924.

Descartes R., *Discours de la méthode* (édité par É. Gilson), Paris, Librairie philosophique J. Vrin, 1939 (2ᵉ éd.).

Doron R., Parot F., *Dictionnaire de psychologie*, Paris, PUF, 1991.

Drévillon J., *Pratiques éducatives et développement de la pensée opératoire*, Paris, PUF, 1980.

Durup H., Considérations sur le plan d'expériences qui comportent une dimension temporelle, *Bulletin de psychologie*, n° 276, 1968-1969.

Einstein A., *La Théorie de la relativité restreinte et généralisée* (traduit par J. Rouvière), Paris, Gauthier-Villars, 1921.

Einstein A., Infeld L., *L'Évolution des idées en physique*, Paris, France Loisirs, 1983.

Fabre M., *Bachelard éducateur*, Paris, PUF, 1995.

Favre D., *Lobes frontaux, représentation du temps et apprentissage*, Lyon, AFIRSE, 1992.

Febvre L., *Le Problème de l'incroyance au XVIᵉ siècle : la religion de Rabelais*, Paris, Albin Michel, 1942.

Fraisse P., *Psychologie du temps*, Paris, PUF, 1957.

Heisenberg W., *La Nature dans la physique contemporaine* (trad. franç.), Paris, Gallimard, 1968.

Jerphagnon L., *Histoire de la pensée. Antiquité et Moyen Âge*, Paris, France Loisirs, 1989.

Lagache D., *L'Unité de la psychologie*, Paris, PUF, 1949.

Lalande A., *Vocabulaire technique et critique de la philosophie*, Paris, PUF, 1947.

Lecourt D., *Dictionnaire d'histoire et philosophie des sciences*, Paris, PUF, 1999.

Lévi-Strauss C., « Lévi-Strauss par Lévi-Strauss », *Le Nouvel Observateur, hors-série*, n° 74, 2009.

Marrou H.-I., *Histoire de l'éducation dans l'Antiquité*, Paris, Éd. du Seuil, 1948, 1965.

Meyerson I., *Les Fonctions psychologiques et les œuvres*, Paris, Vrin, 1948.

Mialaret G., *Sciences de l'éducation*, Paris, PUF, « Quadrige », 2006.

—, *Psychologie de l'éducation*, Paris, PUF, « Que sais-je ? », n° 3475, 1999, 2003.

Mialaret G., *Statistiques*, Paris, PUF, « Premier Cycle », 1996.

—, *L'Apprentissage des mathématiques*, Bruxelles, Dessart, 1967.

—, *Les Méthodes de recherche en sciences de l'éducation*, Paris, PUF, « Que sais-je ? », n° 3699, 2004.

—, *Psychopédagogie des moyens audiovisuels dans l'enseignement du premier degré*, Paris, PUF, 1964.

—, *Statistiques appliquées aux sciences humaines*, Paris, PUF, « Fondamental », 1991.

—, *Nouvelle Pédagogie scientifique*, Paris, PUF, 1954.

—, *Pédagogie générale*, Paris, PUF, « Fondamental », 1991.

—, *Le Temps dans ses relations avec la vie scolaire*, Lyon, AFIRSE, 1992.

—, *L'Apprentissage des mathématiques*, Bruxelles, Ch. Dessart, 1967.

—, *Le Plan Langevin-Wallon*, Paris, PUF, 1997.

—, *Traité des sciences pédagogiques*, t. 1, Paris, PUF, 1969.

—, Sociométrie et pédagogie, *Bulletin de psychologie*, numéro spécial, 7, t. VI, 1953.

—, *Henri Wallon*, in *Pour l'ère nouvelle*, janv.-févr.-mars 1966, Paris, Nathan, 1966.

Montagner H., *L'Enfant : la vraie question de l'école*, Paris, Odile Jacob, 2002.

Morin E., *La Méthode* (6 vol.), Paris, Le Seuil, de 1977 à 2004.

Naville P., *Théorie de l'orientation professionnelle*, Paris, NRF, 1945.

Noizet G., Caverni J.-P., *Psychologie de l'évaluation scolaire*, Paris, PUF, 1978.

Parrochia D., *Les Grandes Révolutions scientifiques du XXe siècle*, Paris, PUF, 1997.

Piaget J., *Le Développement de la notion de temps chez l'enfant*, Paris, PUF, 1946, 1973.

Pourtois J.-P., Desmet H., *L'Éducation postmoderne*, Paris, PUF, 1999, 2004.

Prost A., *Douze leçons sur l'histoire*, Paris, Éd. du Seuil, 1996.

Reuchlin M., *Psychologie*, Paris, PUF, « Fondamental », 1977 (1ère éd.).

Rousseau J.-J., *Émile ou De l'éducation* (1762), Paris, Flammarion, 1966.

Serres M., *Éclaircissements. Entretiens avec Bruno Latour*, Paris, P. Bourin, 1992.

Simon Th., *Pédagogie expérimentale*, Paris, A. Colin, 1924.

Testu F., *Temps et rythmicité*, Lyon, AFIRSE, 1992.

Testu F., *L'Aménagement des rythmes scolaires*, Issoire, R.E.V.E.I.L., 2001.

—, Aménagement hebdomadaire du temps scolaire et variations périodiques de performances intellectuelles, *Enfance*, t. 39, n° 4, 1986.

Tonnelat M.-A., *Histoire du principe de relativité*, Paris, Flammarion, 1971.

UNESCO, *Le Temps des philosophes*, Paris, Payot-Presses de l'UNESCO, 1978.

Vandevelde L., Halleux-Hendrick J., *Les Dispositifs expérimentaux en pédagogie*, Bruxelles, Presses universitaires de Bruxelles, 1971.

Wallon H., *L'Évolution psychologique de l'enfant*, Paris, A. Colin, 1941.

—, *De l'acte à la pensée. Essai de psychologie comparée*, Paris, Flammarion, 1942.

—, *Psychologie et éducation de l'enfance*, numéro spécial de Enfance, 3-4, 1959.

—, *Le Problème biologique de la conscience*, in *Nouveau Traité de psychologie*, Dumas, t. 1, Paris, F. Alcan, 1930.

Zazzo B., *Les 10-13 ans, garçons et filles en CM 2 et sixième*, Paris, PUF, 1982.

Zazzo R., *Intelligence et quotients d'âges*, Paris, PUF, 1946.

Zazzo R., *Des garçons de 6 à 12 ans*, Paris, PUF, 1946.

图书在版编目（CIP）数据

新科学精神与教育科学：关于在自然科学与人文科学之间建立桥梁的尝试 /（法）加斯东·米亚拉雷著；王晓辉译 . —北京：商务印书馆，2021
（外国教育学术译丛）
ISBN 978-7-100-20232-9

Ⅰ. ①新… Ⅱ. ①加… ②王… Ⅲ. ①科学精神—关系—教育科学 Ⅳ. ① G316 ② G40

中国版本图书馆 CIP 数据核字（2021）第 153045 号

权利保留，侵权必究。

外国教育学术译丛
新科学精神与教育科学
关于在自然科学与人文科学之间建立桥梁的尝试
〔法〕加斯东·米亚拉雷 著
王晓辉 译

商 务 印 书 馆 出 版
（北京王府井大街36号 邮政编码100710）
商 务 印 书 馆 发 行
北京冠中印刷厂印刷
ISBN 978 - 7 - 100 - 20232 - 9

2021年10月第1版　开本 880×1230 1/32
2021年10月北京第1次印刷　印张 6
定价：38.00 元